나쁜 습관은 없다

나쁜 습관은 없다

정재홍 지음

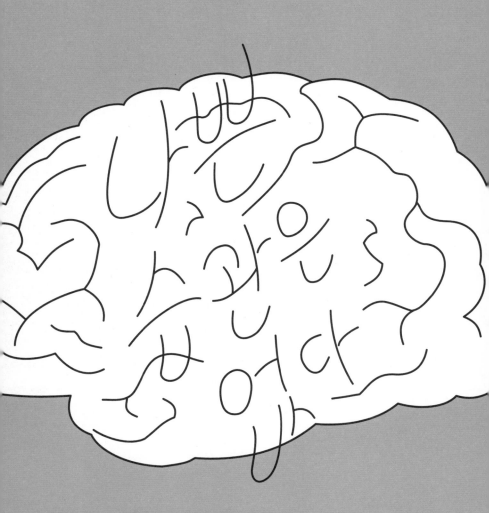

습관을 고치려 할 때마다
내가 실패하는 진짜 이유

판미동

차례

인생에서 피할 수 없는 고통을 수용하는 가운데,
풍요롭고 충만하고 의미 있는 인생을 창조할 수 있다면
과연 삶은 어떻게 변하게 될까?

들어가며 나쁜 습관을 내 편으로 만드는 길

너희는 자신이 나쁘다는 걸 스스로 납득시키는 일에 평생을 허비해 왔다.
자신이 나쁠 뿐 아니라, 그래서 자기가 원하는 것들도 나쁘다고.
성행위도 나쁘고, 돈도 나쁘고, 기쁨도 나쁘고,
권력도 나쁘고, 많이 가지는 것도 나쁘다⋯⋯.
너는 자신을 이렇게 판단했기 때문에, 앞으로 해야 할 일을 더 착해지는 것으로
결정했다. 뭐 그래도 상관없다. 어떻게 가든 목적지는 똑같으니까.
더 빠른 길, 더 짧은 길, 더 쉬운 길이 있다는 게 다를 뿐.
— 닐 도날드 월쉬

"아, 이렇게 해야 했는데." "마음을 굳게 먹었는데 또 흐지부지
되었네." "왜 나는 막상 해야 할 때는 힘들어하지?" "계속 생각은
많고 마음은 무거운데 어떡해야 하지." "자꾸 막아서고 주저하는
내 마음이 고장 난 것일까?"

여러분도 이런 고민이 있지 않은가? 그래서 '실천' '결심' '계획'
같은 것들도 해 보았을 것이다. 그런데 잘 되던가? 어느 순간 정
반대의 생각들이 떠오르고, 부정적인 감정이 스며들고, 두려움이
올라오면서 "나는 도대체 왜 이런 거야?"라고 자책하지는 않았는
가? 그래서 또 제자리로 돌아와 버린 자신을 발견하고 난감한 경
우는 없었는가?

스트레스 받는 상황이 닥치면 "에이, 나도 모르겠다."라고 하면서 돌아와 버리고, 시간이 지나면 "그래도 어쩔 수 없잖아."라고 하는 일이 왜 반복되는 것인지 궁금하지 않았는가? 여러 번 실패하면서 "이런 게 나야! 그러니 이대로 살 거야."라고 결론 내리고는 쓸쓸하지만 어쩔 수 없다고 생각하고 있지는 않은가?

이 짧은 이야기가 마음에 걸린다면 당신은 나와 똑같은 것, 곧 습관과 마음에 대해 고민한 사람이다.

습관을 바꾸려고 노력해 보지만 실패가 반복되다 보면 나쁜 습관을 어쩔 수 없는 자신의 한계라고 받아들이게 된다. 세상이 나를 이렇게 만들었다고 탓하거나 자신의 의지력이 약하고 성격 때문에 어쩔 수 없다고 하면서 삶을 자꾸 줄어들게 만든다. 도피처가 되어 버린다. 이게 나쁜 습관이 주는 악순환이다.

고백하건대 나 또한 무너진 경험이 있었고, 고통스러운 자괴감에 시달리던 때가 있었다. 이를 넘어서야만 했기에 자기계발서에서 답을 찾으려 했지만, 나쁜 습관에 대한 저작들을 실행해 보면서 혼란스러웠다. 그 방법들이 일시적인 효과를 보이기는 했지만 계속 유지하는 것이 어려웠기 때문이다. 이 한계의 원인이 무엇이고 어떻게 해야 할까를 고민하던 중 '뇌'에서 답을 찾을 수 있었다. 뇌의 특성이나 패턴을 활용하지 못한 방법은 어느 순간 실패하게 된다는 사실도 알게 되었다.

새로운 성취 또는 성공을 위해 많은 것들을 결심하고 시도하지만 왜 자꾸 실패하는 것일까?

습관을 넘어서려면 그렇게 변하도록 나를 계속 이끌어 주는 '동기'가 유지되어야 한다. 나쁜 습관에서 벗어나려는 '의도'를 계속 유지할 수 있어야 한다. 지금은 자신이 마음에 들지 않는다 해도, 그것을 이겨 내려는 마음을 계속 유지할 수 있어야 한다.

이 책의 고민은 바로 이것이다. 나를 계속 더 나은 존재로 향하게 하는 동력을 어디에서, 어떻게 얻을 수 있을까? 그곳으로 다가가게끔 만들어 주는 에너지는 무엇일까?

그 답으로 이 책에서는 뇌와 습관에 주목해 보려 한다. 그리고 놀랍게도 나를 이끌어 주는 동력은 다름 아닌 바로 그 '나쁜 습관' 안에 있다는 이야기를 같이 나누려고 한다. 나를 좌절시키는 그 습관 안에 또 나를 끌어올리는 숨은 보석이 있다는 것이 이 책의 중요한 주제다.

습관을 대하는 새로운 접근

습관에 대한 새로운 접근법을 이해하기 위해 먼저 머리말의 첫 문구를 한 번 더 읽어 보자.

"아, 이렇게 해야 했는데." "마음을 굳게 먹었는데 또 흐지부지

되었네." "왜 나는 막상 해야 할 때는 힘들어하지?" "계속 생각은 많고 마음은 무거운데 어떡해야 하지." "자꾸 막아서고 주저하는 내 마음이 고장 난 것일까?"

무엇이 보이는가? 바로 자기가 자기에게 뭔가를 계속 말하고 있는 '내면대화'가 보이지 않은가? 나는 이 내면대화에 주목했다. 이게 나를 계속 힘들게 하고 맴돌게 하는 것들의 정체였기 때문이다. 나를 가로막거나, 부정적으로 가게 만드는 모든 것이 이 내면대화를 통해 이뤄진다. 맴돌게 하는 게 그 무엇이라고 하더라도 출발은 항상 이 내면대화 즉 문득 떠오른 생각, 느껴지는 감정들이 내뱉는 목소리들을 내가 믿거나 따르면서부터 생긴 것임에 분명하다. 이것들이 나타나면 내면에서 싸움을 벌이고 그러면서 혼란스럽고 힘들어지는 것이다.

내면대화를 다루면 된다는 사실이 나에게 엄청난 희망을 보여주고 전혀 다른 길을 드러내 주었다. 내면대화는 습관이 힘을 얻는 작은 단위이기도 하고, 반대로 변화가 힘을 얻는 작은 단위이기도 하다.

만일 내가 그토록 벗어나고자 했던 나쁜 습관, 일상에서 경험하는 스트레스에서 오히려 꿈을 향해 달려가는 에너지를 얻을 수 있다면 얼마나 좋을까? 나쁜 습관뿐만 아니라 힘든 일, 지독한 상사나 자기만 아는 동료 또는 고객으로 인해 짜증이 나지만, 동시에 그 안에서 나를 성장하게 하는 힘을 발견하게 된다면 정말 좋을 것이다.

이 놀라운 전환을 이루게 해 주는 방법은 없을까? 나쁜 생각이나 감정을 내면에서 보내오는 신호로 볼 수 있고, 그것을 잘 해석하여 더 나은 가치를 선택하는 계기로 삼을 수 있다면 얼마나 좋을까? 얼마나 많은 것을 바꿀 수 있게 될까?

그렇게 된다면 두려움을 희열로, 걱정을 경이로움으로, 저항을 수용으로, 실망을 초연함으로, 생각을 현존으로, 불안과 충동을 고요함으로, 지금 이 순간 최상의 것을 선택하도록 바꿀 수 있을 것이다.

고통을 넘어 풍요롭고 의미 있는 삶은 바로 '생각 바꾸기', '감정 선택' 등의 '새로운 습관'을 통해 가능하다. 말도 안 되는 이야기라고 생각될 수도 있다. 그렇다면 이제 이 책을 통해서 그 방법을 같이 확인해 보면 어떨까?

머리, 가슴, 행동 중 어디가 강한가?

만일 당신에게 초등학교 2학년의 자녀가 있다고 가정해 보자. 친구들과 함께 놀이터에서 놀던 아이가 누군가와 싸워서 눈에 멍이 들고 코피를 흘리면서 집으로 들어오는 것을 발견했다. 이때 당신은 어떤 반응을 할 것 같은가?

1) 왜? 무슨 일로 싸운 거니?
2) 어떡해? 아이고 속상해. 나가지 말라고 했잖아!
3) 누가 그랬어? 누가 그랬는지 당장 가서 혼을 내 줘야지!

이 질문은 2500년 역사를 가진 성격 유형론인 '에니어그램'에서 자주 이용되는 질문이다. 3가지 반응은 내면대화의 에너지가 어디를 중심으로 순환하는가에 따라서 다르게 나타난다. 생각 언어를 중심으로 움직이는 머리형이 1번이고, 감정 언어인 느낌을 중심으로 움직이는 가슴형이 2번이고, 신체 언어인 행동을 중심으로 움직이는 장형이 3번에 가까운 반응을 보인다.

1번을 선택한 머리형은 생각 언어가 중심이어서 자초지종을 묻는 것이 우선이라고 여긴다. 누구랑 싸웠고, 어떤 내용인지를 확인하고 그것이 옳은지 먼저 확인하는 것이다. 이에 반해 감정 언어와 에너지가 먼저 움직이는 2번 가슴형의 경우는 자초지종을 확인하는 것이 중요한 게 아니다. 아이가 얼마나 아픈지가 우선이고, 동시에 본인의 감정이 고양되어 걱정이 앞서거나, 아이가 이렇게 되기 전에 말리지 못한 자신을 자책하는 반응을 먼저 보인다. 마지막으로 신체 언어 중심인 3번은 몸으로 움직이는 것을 우선으로 반응하는 유형이다. 일단 해보고 나서 이야기하자는 행동 중심으로 에너지가 순환한다.

이런 3가지 유형론은 어떤 순서로 반응하는지를 알려 준다. 어떤 사람은 생각 언어가 먼저 작동한다. 그런데 감정 언어가 먼저 작동하는 사람의 눈에 생각 언어로 움직이는 사람은 무미건조해 보일 수 있다. 예를 들어 아이가 맞고 들어왔는데 꼬치꼬치 묻거나 확인하는 머리형을 보면 답답하고 소심해 보이는 것이다. 반대로 생각 언어 중심인 사람이 행동 언어 중심인 사람을 보면 무식하게 반응한다고 말할 수도 있다. 서로 핵심 에너지가 다르기에, 다른 유형의 눈에는 이해하기 어려울 수 있다.

누군가는 생각 언어가 강하고, 누군가는 감정 언어가 강하게 반응한다. 각자 살아온 환경과 경험 그리고 태생적인 차이가 어우러져 불편을 느끼는 수준도 다르고, 그것을 해소하는 행동 방식도 다르게 구축된다. 같은 행동이지만 그 행동을 이끌고 가는 내용물이 다르고, 아픔과 상처 또는 숨어 있는 회피 동기들이 드러나는 방식도 다르다.

의식 아래의 강력하고 불쾌한 느낌을 드러내는 내면대화가 이렇게 다르기 때문에 사람마다 더 집중해서 풀어야 할 불편의 과잉반응 지점 또는 고통점이 다를 수밖에 없다. 이 책에서 앞으로 알아볼 '습관을 넘는 새로운 습관(Habit Over Habit, HOH)'들은 이런 본인의 상황에 따라 다르게 적용하는 것이 좋다.

예를 들어 감정적인 반응 에너지가 강한 사람은 '감정 저장고 비우기'를 먼저 적용하면서 다른 핵심 습관을 하나씩 더해 보는 것이 더 효과적일 수 있다. 문제에 대해 생각이 지나치게 많은 분들은 '생각 언어 바꾸기'를 통해서 도움을 얻을 수 있다.

계속 과잉반응하는 특성 때문에 실패한다면 '습관의 뇌 훈련법'을 먼저 1~3개월 정도 하면 좋을 것이다. 다른 것을 받아들일 마음의 공간을 확보할 수 있게 되기 때문이다. 본인이 자주 넘어지는 불편감 또는 직장생활에서 느끼는 스트레스로 힘들어한다면 '불편을 피하지 않고 이용하기'를 먼저 보길 권한다. '숨겨진 소망 발견하기'는 어떤 방식으로 접근하든 꼭 스스로 적용해서 나쁜 습관의 숨은 보물을 발견하는 기쁨을 경험하길 바란다.

마지막으로, 이 책에서 다루는 중요한 기법과 그 효과를 정리해 보면 다음과 같다.

구분	중요사항
HOH 1 불편을 피하지 않고 이용하기	불편을 피해야 할 대상이 아닌 이용의 대상으로 바라보게 된다.
HOH 2 습관의 뇌 훈련법	습관의 뇌(변연계)에 각인된 과잉반응을 줄여 주는 뇌 훈련법. 특히 부정적 과잉반응을 교정해 준다.
HOH 3 감정 저장고 비우기	감정 안에 숨겨져 있는 불편을 놓아 버리는 법. 이를 통해 전환의 길로 방향을 바꾸기 쉬워진다.
HOH 4 생각 언어 바꾸기	내면대화 중 혼란을 만드는 생각 언어를 다루는 방법. 부정적인 생각과 신념을 넘어설 수 있다.
HOH 5 숨겨진 소망 발견하기	나쁜 습관 안에 숨겨져 있는 진정한 소망을 발견해서 전환의 길을 향하는 법.

1부

나쁜 습관은
당신 탓이
아니다

"뇌 과학적으로 습관은 부정적인 뇌 기능에 해당한다.
습관이란 뇌가 더 이상 본연의 창조 기능을
수행하지 않아도 되는, 뇌의 정지 상태다.
뇌는 아무 신경 쓰지 않고 습관적인 활동을 수행한다.
고치려고 바꾸려고도 시도하지 않는 생각이나 말,
행동이 바로 습관이다. 한마디로 뇌가 스스로
아무런 필요성을 못 느끼는 상태가 습관이다."

— 이노우케 히로유키

'습관'이라고 하면 사람들은 가장 먼저 무엇을 떠올릴까? 습관이라는 주제를 다룰 때 우리가 먼저 감안해야 할 것은 '뇌'다. 왜냐하면 뇌는 습관을 늘 이용하기 때문이다. 좋은 습관, 나쁜 습관 모두 당신이 뇌를 가진 인간이라 자연히 가지게 되는 속성이다. 때문에 우리는 습관 안에서 헤매거나, 아니면 그 '너머'로 가거나 둘 중 하나를 선택해야 한다.

뇌는 우리가 경험하는 모든 것을 있는 그대로 받아들이지 않는다. 수많은 정보를 한 번에 처리할 수 없기 때문에 습관이라는 방식을 이용한다. 뇌는 정보를 묶어서 그것을 분류하고, 일정한 덩어리로 저장한다. 즉 패턴으로 저장하고 흔히 컴퓨터의 소프트웨어처럼 자동화된 하나의 프로그램으로 움직인다. 그것이 습관이다.

인간뿐만 아니라 뇌를 가진 모든 동물들은 습관을 가지고 있다. 습관을 통해 생명을 이어 간다고도 할 수 있을 것이다. 먹이를 찾고, 도망쳐야 할 때 즉각적으로 반응하고, 태어나자마자 독특한 행동을 하는 것 모두가 뇌가 만들어 놓은 프로그램, 생명을 유지하게 하는 본능적 습관이다.

우리의 뇌는 행복이나 더 나은 것을 추구하는 것보다 반복적으로 늘 하던 것을 중요한 우선순위로 여기도록 되어 있다. 그러므로 습관화된 뇌의 특성을 잘 이해하고 습관을 제대로 다룰 수 있는 방법만 익힌다면 누구나 좋은 습관, 행복한 습관으로 자신의 꿈을 향해 나아갈 수 있다.

습관을 흔히 '행동'에 한정해서 생각하기 쉽다. 그런데 습관은 반복적인 행동만을 의미하지 않는다. 우리의 감정, 생각, 성격, 자아관념까지도 포함한다. 즉, 어떤 상황이 닥치면 자동으로 반응하는 모든 것이다. 자주 떠오르는 생각, 자주 느끼는 걱정과 불안, 자주 반복하는 성냄 모두 습관인 것이다.

모든 삶의 영역이 습관이다. 늘 이래야 한다고 믿는 규칙이나 원칙, 사랑하는 스타일, 아이를 키우는 독특한 스타일 또한 습관이다. 직원을 관리할 때 이런 방식이 좋다거나 그렇게 해야 한다고 생각하는 것, 사랑받으려면 이래야만 한다고 믿는 것도 뇌에 각인된 습관이다. 나는 지금 이런저런 이유로 이렇게 살 수밖에 없다고 철석같이 믿고 있는 생각마저도 습관이다. 습관은 사고 패턴이 만들어 낸 자동반응이기 때문이다.

우리는 모두 습관의 세계에 살고 있다. 모든 삶의 영역이 습관이라면 단지 겉으로 드러난 행동을 고치려고 하는 것만으로 왜 부족한지도 알 수 있다. 행동을 만들어 내는 이면의 생각이나 감정, 곧 의식하지 못한 불편이나 마음속 저항을 해결하지 못하면 참다가도 어느 순간 터져 버리곤 한다. 습관이라는 드러난 행동 안에 숨어 있는 다른 요소를 다룰 수 있어야 한다. 그것을 좋음이나 나쁨으로 구분하는 것을 넘어서서 좀 더 깊이 들여다봐야 한다.

쉽게 생각해 보자. 좋은 결실을 얻기 위해서는 원인이 되는 작은 단서들부터 제대로 다루는 것이 낫다. 어떤 행동을 일으키도록 조종하는 그 원인을 아는 것에서부터 시작하자.

<u>1장</u> 습관에 대한 새로운 이해

모든 습관의 배후에는 고통이 있고 믿음이 있다.
모든 습관의 배후에는 생각이 있다.
모든 생각의 배후에는 감정이 있다.
그리고, 모든 습관은 이것은 이래야 한다는 규칙이다.

행동으로만 습관을 이해하지 말고 좀 더 크고 깊게 봐야 한다. 마음에 안 드는 부분을 바꾸려고만 하지 말고, 습관 안에 숨겨져 있는 것을 찾아야 한다. 행동만을 바꾸려고 한다면 스스로 함정에 빠져 또 좌절하고 말 것이다. 이렇게 접근하는 것을 넘어서 습관의 숨은 진실이 무엇인지, 숨은 핵심을 알아야 한다. 깊이 들여다보면 그 안에서 생각지도 못한 보물을 발견할 수 있다.

습관의 3가지 측면

습관이란 말은 일상적이고 친숙한 단어다. 흔히 사용되다 보니 이미 익숙해져서 그 의미를 놓치기 쉬울 정도다. 습관의 몇 가지 중요한 특성을 짚어 보도록 하자.

① 성격도 습관이다.

습관은 외부에서 자극이 들어오거나 특정한 상황, 특정한 시간, 특정한 장소에 이르면 자동적으로 생기는 생각, 감정, 행동 반응이다. 우리 스스로 알아채지 못하는 습관적인 행동의 이면에는 자동반응을 이끌어 내는 생각과 감정이 있다. 물론 이런 반응의 형식이나 내용은 사람마다 다르다. 이런 차이를 묶어서 이해하면 일종의 '패턴이나 규칙'이라고 볼 수 있다.

무엇이 옳은지 그른지, 어떻게 해야 하는지, 무엇이 더 가치가 있는지, 어떤 것이 더 즐거운지 고통스러운지 이 모든 것도 분명히 일종의 패턴이고 규칙이다. 어떤 상황이 되면 우리는 자동적으로 그 패턴과 규칙에 맞춰 사람마다 다르게 반응한다. 우리는 이것을 성격이라 부른다. 특정한 상황에서 그 사람의 고유한 반응 양식, 이 또한 패턴이며 습관이다.

② 습관은 강제력이 있다.

어떤 상황이 되면 마음속에서 저절로 '이럴 땐 ○○해야 한다.'는 생각이 떠오른다. 거기에는 담배 피우기, 술 마시기, 화내기, 일을 미루기, 두려움에 휩싸이기, 멍해지기, 모른 척하기, 상대방을 탓하면서 자기 합리화하기 등 다양한 것들이 들어갈 수 있다.

이런 상황에서는 이렇게 해야 한다거나 또는 그렇게 반응하는 것이 타당하다고 느낀다. 반복적인 습관은 꼭 그렇게 해야만 한다는 느낌이나 판단, 생각들이 붙어서 힘을 발휘한다. 찍찍이처럼 붙어 있는 생각과 감정이 나를 끌고 간다. 지금 담배를 피우지 않으면, 지금 술을 먹지 않으면, 지금 화내지 않으면 내가 불편하다고 느끼게 한다. 그대로 따르지 않을 경우에는 내면에서 더욱 불편을 느끼도록 만든다. 이런 측면에서 습관은 내면에서 강제력으로 경험되는 것이라 할 수 있다.

이런 강제력의 대표적인 예가 중독이다. 동일한 자극이나 동일한 환경이 되면 자동반응으로 중독 물질을 찾고, 중독 행위를 하게 된다. 이런 식의 강제력을 내면에서 경험하기 때문이다.

'나는 이 ○○을 해야만 한다. 왜냐하면 그럴 때 나는 편하고, 내가 내 욕구를 인정했다고 느껴지기 때문이다. 그리고 나는 이것을 거부하기는 어렵다. 왜냐하면 꼭 필요하기 때문이다.'

이런 내면의 강제력이 행동을 부추긴다. 꼭 이렇게 '해야만 한다.'는 규칙이 생각과 감정으로 이어지고, 이 마음이 강하면 힘들어진다. 그러다 힘들고 불편한 느낌에 굴복하게 된다. 보이지는 않지만 이것이 습관의 무서운 힘이다.

③ 습관은 내면대화로 나타난다.

습관 안에는 패턴을 따르게끔 이끄는 규칙들이 들어 있다. 동물과 달리 인간에게 이런 규칙은 언어를 통해서 드러난다. '해야 한다.'는 언어적 표현이다.

알다시피 인간은 언어를 활용한 덕분에 더 많은 정보를 전달하고,

복잡한 의사소통을 할 수 있었다. 새로운 먹을거리의 정보나 경험을 나누고, 다른 동물들보다 더 큰 집단을 조직할 수 있었다. 규칙을 새롭게 짜고 다양한 것들을 공표하거나 공유할 수 있었다. 그 결과 잡아먹힐 위험은 낮아지고, 사냥이나 생존에 성공할 확률을 높일 수 있었다. 언어를 통해 더 많은 정보를 후세에 남길 수 있게 됨으로써 매번 처음부터 다시 시작하는 것이 아니라, 이전의 자료를 축적하며 시간이 갈수록 강해졌다.

그런데 이 언어 때문에 우리는 아주 독특한 다른 세계를 살아가게 된다. 직접 경험하는 세상만이 아닌 언어로 만들어진 머릿속 세계를 하나 더 갖게 되는 것이다.

어릴 때로 돌아가 보자. 눈물을 흘릴 때 우리는 그것을 '운다.'라는 표현으로 배우게 된다. 그런데 이 언어에 다른 것들이 덧붙여질 수 있다. 운다는 것에 '약한 것' '지는 것' '비겁한 것' '사람들이 좋아하지 않는 것' '인기가 없는 것'이라는 다양한 평가가 붙는다. 이렇게 언어가 하나씩 더해지고 연결되면, 그다음 눈물이 날 때 어떤 마음이 들까? 눈물이 난다는 경험 외에 앞서 연결된 평가들이 덩달아 같이 떠오를 것이다. 그러면서 '울면 안 된다.' '울면 지는 것이다.'라고 스스로에게 말하는 내면대화를 경험하게 된다.

눈물을 흘리는 일은 분명 하나의 온전한 경험이지만, 동시에 머릿속에서 언어적인 평가로 만들어진 또 다른 경험을 하게 된다. 자기가 자신에게 하는 내적인 언어를 통해서 우리는 패턴이나 규칙을 떠올리고, 이것이 생각이나 감정으로 자리하고 행동으로 드러난다.

이러한 언어가 다른 동물들의 습관과 다른 특성을 만든다. 내면에 생각들이 많아지고, 판단으로, 그리고 감정으로 모습을 바꾸면서 끌고 간다. '해야 한다.'와 '하지 말아야 한다.'는 생각들이 서로 경쟁하기도 하면서 힘들어지기도 하고, 불편해지기도 한다.

우리는 내면에 새겨진 습관의 틀 안에서 살 수밖에 없다. 자신만의 머릿속 세계를 구축할 수밖에 없다. 그리고 그 깊은 곳에는 다름 아닌 언어, 즉 내면대화가 자리 잡고 있다. 그리고 이 언어가 모든 습관을 넘어서고 자신의 꿈을 향해 나아가는 데 중요한 전환점을 열어 주는 포인트다.

습관은 이너게임

우리는 늘 내면대화를 통해서 '이너게임'을 하고 있다. 예를 들어, 알람을 맞춰 놓고 잠에 드는 상황을 생각해 보자. 분명히 저녁에는 아침에 바로 일어날 것이라고 마음먹고 잠을 청했는데, 막상 아침에 알람이 울리면 일어나기가 힘들다. 이때, 내면에선 어떤 '이너게임'이 벌어지고 있을까?

알람 소리를 듣고 바로 일어나기보다는 '피곤한데 5분만 더 자.'라는 내면대화가 떠오른다. 그와 동시에 '그러면 안 돼.'라는 내면대화가 떠오르며 이너게임을 벌이게 된다. 일어나기 싫다는 마음의 내면대화가 이어지면 문득 회사 가기가 더욱 싫어지면서 여러 생각들이 겹쳐지기도 한다. 부담감을 느끼거나 누가 미워지기도 하고, 어제의 기분 나쁜 일이 불현듯 떠오르기도 한다.

아주 작은 일상에도 내면대화가 이너게임을 벌인다. 운전 중에 가려는 교차로에 파란불이 들어왔다고 해 보자. 바뀐 신호등을 보고 '빨리 건너가야지.'라는 생각과 동시에 불현듯 앞차가 느릿느릿 움직이는 것에 대해 '도대체 운전을 왜 저렇게 하는 거야?'라며 비난하는 마음이 들 수 있다. 이런 내면대화가 이어지면 곧이어 화가 나고, 이름 모를 앞차의 주인이 바보스러운 사람, 나를 막아서는 나쁜 사람으로 느껴지기도 한다. 불과 몇 초 사이에 우리는 이런 식의 내면대화를 경험한다.

이처럼 당신의 머릿속에는 끊임없이 마음의 독백이 이어지고 있다. 누가 누구에게 말하고 누가 누구에게 답변을 하는지 모를 대화가 꼬리에 꼬리를 물고 이어진다. 화장실에 가거나, 샤워를 하는 동안에도 이 목소리는 계속 이어진다. 어떤 경우에는 문득 떠오른 생각이 이어지기도 하고, 또 어떤 경우에는 외부의 작은 사건을 인식하게 될 때 스스로에게 말을 걸기도 한다. 누구라도 이런 경험을 한다.

뇌 과학자들은 인간이 결코 생각을 멈추지 않는 기계, 계속 예측하고 통제하려는 '판단 기계'라고 말한다. 주변에서 일어나는 모든 것을 보고, 파악하고, 분석하고, 판단하고, 분류하고 저장한다. 언제든 판단은 언어로 저장되며, 후에 이것들이 내면대화로 나타난다. 우리는 내면대화를 통해 결정을 하고, 목표를 설정하고, 기쁨과 만족을 느끼거나 실의에 빠지고 낙담하기도 한다. 내면대화를 통한 이너게임은 현재진행형인 내면의 싸움이라고 할 수 있다. 내면대화는 우리에게 동맹군이 되거나 혹은 무시무시한 적이 되기도 한다.

나쁜 습관을 반복하는 행동의 저변에도 내면대화가 반드시 있다. 습관은 이런 내면대화를 통해 우리를 이끌고 간다. 습관, 생각, 감정, 성격이라고 말하는 모든 것들이 그렇다. 내면대화가 우리에게 속삭이며 말을 걸고, 느낌을 만들고, 우리를 익숙한 그곳으로 끌고 가는 것이다.

습관을 이끄는 내면의 검색엔진

습관 속에 숨어 있는 내면대화를 이해하는 좋은 방법은 그것을 검색엔진으로 보는 것이다. 검색창에 검색어를 넣으면 우리는 방대한 자료를 볼 수 있다. 내면대화는 이런 검색엔진과 거의 비슷하게 우리 안에서 펼쳐진다.

뇌는 '모르는 상태'를 싫어하기 때문에, 그냥 떠오른 작은 생각도 질문으로 받아들여 바로 처리하려고 한다. 그 질문이 뇌에서 검색엔진처럼 작동하는 것이다. 검색된 결과들처럼 다양한 생각이 꼬리에 꼬리를 물고 계속 이어진다. 본인이 의식하지 않더라도 뇌는 검색엔진처럼 끊임없이 답을 찾는다.

게다가 내면대화에는 검색엔진보다 민감한 다른 특성이 있다. 의식하지 못한 사이 검색어를 자체적으로 만들어 내기도 한다는 점이다. 게다가 무의식적으로 부정적인 검색어를 계속 자동 입력하기 쉽다.

길을 가는데 맞은편에서 멋진 사람이 걸어오면 마음속에선 어떤 일이 벌어질까? '이쁘다.' 내지는 '멋있다.'라고 그 사람의 외모를 판단하는 것과 동시에, 자신과 비교되는 느낌을 받을 수 있다. 뒤이어 자신이 모자라다는 부정적 생각과 열등감이 들 수도 있다. 내가 부족해 보일 것이라는 생각이 들면, 지금 나의 옷이나 스타일이 어떤지, 오늘 집을 나설 때 다른 옷을 입었어야 한다는 후회가 따라오기도 한다. 처음 판단이 곧이어 다른 생각과 판단을 끌고 와 내면의 검색엔진에 검색어를 자동적으로 입력한다. 이렇게 입력되는 검색어 때문에 우리의 느낌은 확 바뀌기도 한다.

내면대화는 이처럼 습관을 이끄는 힘의 가장 기본적인 부분이고, 자동으로 검색어를 입력해서 나를 힘들게 만드는 큰 원인이 되기도 한다. 내면대화의 몇 가지 특성을 이해하고, 돌고 도는 내면대화에서 빠져나올 방법을 알아보자.

① 내면대화를 멈추겠다고 생각한다.

일어난 사건이 사소한 것일지라도 그것에 자극을 받으면 내면대화는 바로 시작된다. 우리 뇌는 지금과 가장 비슷한 과거의 정보들을 끌고 온다. 문득 이전의 잘못했던 기억들이 떠오를 수도 있다. 내면대화는 이런 질문이나 독백을 거치면서 점점 더 많은 이야기를 덧붙이며 확대된다. 대부분 실패한 기억, 일이 잘못될 것 같은 부정적 예측들이 이어지면서 생각이 더 많아진다.

처음에는 내면대화를 이끄는 생각이 다른 생각을 불러왔지만, 불편한 감정을 느끼면 이제 이 감정이 거꾸로 또 다른 내면대화를 자극한다. '이런 것마저도 제대로 하지 못하는 나는 ○○○!'라는 결론으로 내달리기도 한다. 내면대화 과정을 통해 만들어 낸 스토리를 진실이라 믿어 버린다. 작은 계기 하나가 내면대화를 거치면서 계속 확대된다.

이런 과정이 이어지면 결국 감정적인 느낌에 완전히 휩싸여 버린다. 이제는 모든 내면대화가 제기한 생각이나 기억들이 진실처럼 여겨진다. 무기력해지다가 함정에 빠지고, 늪에 빠진 것 같은 상태가 된다. 이렇게 머릿속의 세상이 혼란스러워지면 '나도 모르겠다.'고 하면서 담배를 한 대 물거나 또는 자기가 원래 늘 하던 그 상태로 돌아가 버린다.

그런데 이런 내면대화가 확대되기 전에 이런 순환이 습관의 패턴임을 알고 빠져나온다면 어떻게 될까? 떠오르는 생각이 습관임을 알고 새로운 생각을 선택할 수 있다면 어떻게 될까?

습관을 내면대화로 보는 이점이 바로 여기에 있다. 더 확대되기 전에 무엇을 어떻게 하는 것이 좋은지 알려 주기 때문이다.

1) 내면대화를 따라가는 삶

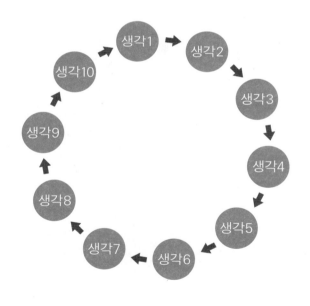

2) 내면대화에서 빠져나오는 법

생각1

습관적 생각과
감정을 알아차림

선택!

습관을 넘어
생각을 선택함

② **부정적인 내면대화를 믿지 않는다.**

저명한 뇌 과학자인 릭 핸슨은 우리 뇌가 부정적인 것에 매달리도록 진화되었다고 말한다. 낙관하는 것보다 최악을 예측하는 쪽이 생존에 더 유리했다는 것이다. 오늘 하루 동안 긍정적인 일이나 잘 해결한 일이 10개 있었다고 하자. 그런데 딱 1가지 실수가 있었다. 잠자리에 들기 전 뇌리에 남아 있는 생각은 부정적인 단 하나의 사건일 것이다. 당신이 부정적이기 때문이 아니라, 수백만 년에 걸쳐 만들어진 우리 뇌의 습관 때문이다.

이렇듯 인류의 진화를 지금 이곳에서 우리가 경험하고 있다. 만일을 대비하고 부정적인 것에 아주 민감했던 인류의 조상들이 당연히 더 오래 살아남을 수 있었고, 그 패턴이 지금 우리에게 그대로 남아 있다. 이 '부정 지향의 생각 습관'은 늘 문제를 확대하고, 안 될 가능성을 더 고민하게 하고, 걱정을 앞서게 만든다.

행동경제학자와 심리학자들의 실험에 따르면 우리는 부정이나 손해에 대해 중요하다고 느끼는 정도가 긍정적인 것에 비해 3배나 강하다고 한다. 이런 부정적인 내면대화가 점점 우리 삶을 힘들게 느끼도록 만들고, 악순환으로 끌고 갈 확률이 높은 것이다.

③ **내면대화의 이중적인 목소리를 받아들인다.**

우리 내면에서는 생각과 감정, 행동을 두고 여러 개의 자아가 경쟁한다. 항상 이중적인 내면대화나, 대립하는 내면대화를 경험할 수밖에 없는 것이다. 왜 이런 이중적인 마음상태를 갖게 되는 것일까? 이 질문에 대한 대답 역시 뇌에서 찾을 수 있다.

진화는 무에서 유를 창조하기보다는 이미 창조된 것에 조금씩 새로운 내용을 추가하는 식으로 이뤄진다. 인간은 동물들이 지닌 원시의 특성을 없애고 완전히 새로운 모델로 만들어지지 않았다. 그 대신 충동과 본능으로 이뤄진 동물의 뇌 위에 인간의 뇌를 떡하니 붙여 놓은 것이다.

이와 비슷한 예를 대도시에서도 발견할 수 있다. 대도시가 발전하면 구도심을 그대로 두고 신도심을 만든다. 한쪽을 완전히 무너뜨리고 새로 개발하지 않는다. 한쪽을 그대로 두고 다른 쪽을 개발하는 것이다. 이 도시 안에 유흥과 영적인 부분이 공존한다. 우리 뇌의 진화도 똑같이 이뤄진 것이다. 그리하여 순간의 만족만을 위해서 충동을 따르는 내면대화와, 충동을 통제하고 장기적인 목표를 이루기 위해 만족을 뒤로 미루는 내면대화가 동시에 같이 존재하게 된다.

내면의 이중성이 '정상'이란 사실은 아주 중요하다. 앞서 말한 부정적인 생각이나 걱정이 많은 것도 정상이고, 이중적인 것도 정상이다. 한쪽에서는 좋고 싫은 감정적 판단을 따르라고 하고, 또 다른 한쪽에서는 장기적인 측면에서 합리적으로 생각하고 행동해야 한다고 우리에게 속삭인다. 그러나 이것은 생리적으로 누구나 가지는 정상적인 특성이다. 제대로 다룰 줄 몰라서 어렵게 느끼는 것뿐이다. 그렇다면 이 이중성을 다룰 수 있어야 하는데, 그 해결점도 내면대화에서 찾을 수 있다.

이때, 이중성의 의미를 제대로 이해해야 한다. 너무 쉽게 '원시적인 본능에 가까운 습관을 억눌러서 없애는 것'을 목표로 삼는 것이 우리의 흔한 잘못이다. 잘못된 목표는 에너지를 낭비하게 만들고, 결국은 우리를 좌절하게 만들 뿐이다. 이중성을 그대로 받아들여야 한다. 이것을 원하고 동시에 저것을 원하는 서로 반대되는 내면대화는 정상이다. 원시적인 본능은 없애는 것이 아니라 현명하게 이용하고 활용해야 하는 것이다.

죽은 사람의 목표

인간의 뇌가 가지는 진화적인 특성을 이해한다면 우리는 많은 경우 '죽은 사람의 목표'를 지향한다는 역설을 만나게 된다. 죽은 사람의 목표란 절대 불가능한 것을 목표로 한다는 뜻이다. 살아 있는 사람이라면 경험할 수밖에 없는 이런 이중성을 받아들이지 않고 없애려고 하는 것이다. 하나의 마음이 아니라고 스스로 자책하면서 인간인 이상 없앨 수 없는 것을 목표로 한다면 실패할 수밖에 없을 것이다.

여러분이 만일 '그저 행복했으면 좋겠어.' '그만 불안했으면 좋겠어.' '좀 더 자신감이 있었으면 좋겠어.' '그만 걱정했으면 좋겠어.'라고 바란다면, 당연히 이것은 현실적이지도 않고, 생물학적으로도 가능하지 않다.

이렇게 '무엇이 없었으면 좋겠어.'라고 하는 것은 현실적으로 불가능한 목표이기 때문에 '죽은 사람의 목표'라고 말한다. 그렇다면 어떻게 해야 할까?

그것이 바로 '그럼에도 불구하고'다. 진화가 만들어 낸 우리 삶의 어쩔 수 없는 모습이라면 그것을 받아들여야만 한다. '내가 ○○○를 느끼지만, 그럼에도 불구하고 나는 ○○○를 하겠어.'라고 생각하는 것이 현실적이고 살아 있는 사람의 목표라고 할 수 있다.

'알면서도 안 돼요.'에 숨어 있는 것

2002년 노벨 경제학상을 받은 대니얼 카너먼은 『생각에 관한 생각』에서 우리의 이런 이중성을 '시스템1'과 '시스템2'로 설명한다. 시스템1은 빠르고 직관적이고 정서적이다. 좋고 싫음, 아니면 중립이라는 식으로 구별하는 특성을 가진다. 이에 반해 시스템2는 다소 느리지만 신중하고 논리적인 사고방식을 특징으로 한다. 이 둘은 서로 다른 내면대화를 펼치게 된다. 이런 이중적 시스템이 제시하는 각기 다른 내면대화 때문에 자주 경험하는 혼란스러운 마음 중 하나가 '알면서도 안 돼요.'다.

예를 들어 컴퓨터 게임에 중독된 경우를 생각해 보자. 왜 자기가 정한 시간을 넘기고서도 계속 게임에 열중하게 될까? 마음속에 '과하게 하지 말아야지.'라는 생각이 분명히 있는데도 왜 게임을 멈추지 못할까? 이것을 이중성이라는 측면에서 바라보자.

내면대화를 들여다보면 '과하게 하지 말아야지.'만 있는 게 아님을 발견할 수 있을 것이다. 게임을 하지 말아야 한다는 생각도 있지만, '게임을 끊으면 무슨 재미로 살라는 것이냐.'는 내면대화도 있다. '끊고 싶다.'는 마음만 있다면 간단히 '하지 않기'를 선택하면 된다. 그러나 '무슨 재미로 살라는 것이냐.'란 또 다른 목소리 때문에 어떨 때는 잘 참기도 하지만, 어떨 때는 게임을 멈추지 못한다.

이처럼 서로 다른 목소리를 내는 양 측면을 보지 못하고, 단지 '하지 말아야지.'만 가지고서는 실패할 가능성이 높을 수밖에 없다. '하지 않으려는 것'도 어려운데, 동시에 '하고 싶은' 이중적인 욕구 때문에 혼란스러워지는 것이다. 상황에 따라 결심했던 마음이 힘을 발휘하지 못하게 된다. '알면서도 안 돼요.' 안에는 '끊지 못하겠어!'도 있지만 분명 '끊지 않겠어.' 또는 '끊을 수 없어.'란 또 다른 목소리가 있다.

이렇게 반대로 내달리는 목소리 때문에 '논리적으로 습관을 이겨 내는 것'은 더욱 어려워진다. 이쪽을 편들면, 저쪽이 반대를 제기하기 때문이다. 이게 어려운 지점이다. 서로 반대로 몰고 가는 내면대화의 이중성이 우리를 계속 '지금의 습관'에 머물게 한다. 하지만 머릿속에서 일어나는 이 목소리들을 통제할 수 있다면 자연스럽게 더 나은 선택에 '집중'할 수 있을 것이다.

게을러서 미루는 사람은 없다

내면대화를 잘 이해하면 1) 어떤 과정을 통해 내면대화가 일어나는지 알고, 2) '이게 습관이구나!'라고 알아차리면서 그만 따라가야 한다는 것을 명확하게 인식할 수 있다. 일상에서 많이 경험하는 미루기 습관을 통해서 좀 더 자세하게 살펴보도록 하자.

많은 사람들이 새해가 되면 고치기로 다짐하는 것 중 하나가 미루기 습관이다. 우리는 뭔가를 해야 한다고 할 때 바로 집중하기 어려워한다. 책상에 앉으면 자신도 모르게 이것저것 기웃거리고, 핸드폰을 보거나 인터넷을 확인하면서 시간을 보내곤 한다. 저항이 별로 없는 다른 쉬운 일을 먼저 하거나, 자신도 모르게 엉뚱한 것에 시간을 보내는 경우가 많다.

왜 우리는 미루는 행동을 할까?

① 뭔가를 해야만 하는 상황이다. 이럴 때 바로 집중해서 시작하면 좋을 텐데, 딴짓을 하는 경우가 많다. 뭔지 모를 불편함 때문이다. 그런데 이런 감정적인 불편함은 그 이전에 떠오른 어떤 생각 때문에 나타난 것이다.

② 어떤 생각이 떠올랐을까? 일이 부담스럽다거나 일을 완벽하게 할 수 없을 것이라는 생각, 그로 인해 비판받을 거라는 생각, 한 일이 헛수고가 될지도 모르는 생각이 들 수 있다. 또는 왜 이렇게 고생스러운 일만 생기는 것인지 남을 탓하는 생각이 떠오를 수도 있다. 이런 생각들을 믿고 그냥 인정하게 되면 당연히 불안한 감정이 따라온다.

③ 부정적인 생각 다음에 불안, 좌절감, 혼란스러움, 자기연민 등

부정적인 감정이 올라온다. 이렇게 느낀 불편함을 벗어나고 싶어지고, 불편함 때문에 바로 집중하기 어려워진다. 이 감정이 또 다른 생각들을 부추긴다. 생각이 만든 나쁜 감정이 또 다른 부정적 생각을 만들고 감정은 더 부정적으로 치닫게 된다. 그리고 이 불편함을 해소하기 위해서 당장 즐거움을 주거나 그 불편함을 잊게 만드는 딴짓을 한다.

④ 내면대화가 불편함을 만들어 내면 우리는 부정적인 생각이나 감정에 사로잡혀 딴짓을 한다. 불편을 잊게 해 주는 다른 활동, 즉 일시적이라고 하더라도 기분을 좋게 만들어 주는 가장 빠르고 쉬운 활동을 하게 한다. 뇌가 가지고 있는 낮은 수준의 자기보호 메커니즘 때문이다.

⑤ 그런 시간이 쌓이다 보면, 생각이 많아지고 혼란스러워진다. 점점 자신이 만든 상상 속의 이야기들이 부풀어 오르면서 악순환 된다. 내면대화를 제대로 다루지 못하고 일시적인 그 불편감을 어떻게 처리할지 몰라 이러지도 저러지도 못하고 더 힘들어한다. 한두 번 이렇게 미루게 되면 그것이 습관이 되어 버린다. 당연히 다른 영역에도 악영향을 준다.

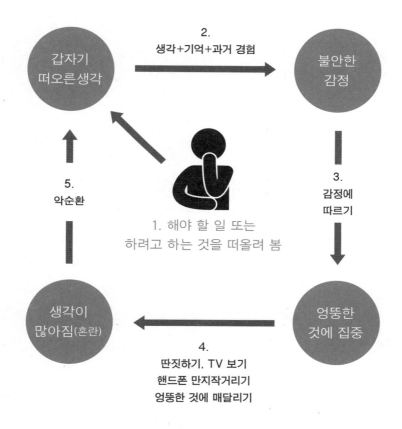

2.
생각+기억+과거 경험

갑자기
떠오른생각

불안한
감정

5.
악순환

3.
감정에
따르기

1. 해야 할 일 또는
하려고 하는 것을 떠올려 봄

생각이
많아짐(혼란)

엉뚱한
것에 집중

4.
딴짓하기, TV 보기
핸드폰 만지작거리기
엉뚱한 것에 매달리기

이 과정을 보면, 진짜 게을러서 미루는 것이 아니라는 점을 알 수 있다. 미루는 동안에도 우리는 두려움과 불편함을 다루기 위해 바쁘게 뭔가를 한다. 자신의 불편감을 막는 데에 소중한 정신적 에너지를 계속 사용하는 것이다. 이 문제와 관련해 미국의 심리학자 닐 피오레는 이렇게 말한다.

"우리가 게으른 것이 아닙니다. 다만 실패에 대한 '두려움'과 불필요한 '완벽주의'에 매여 있기 때문에 일을 미루는 것입니다."

겉으로는 게을러 보이지만, 들여다보면 결코 게으른 것이 아니다. 계속 내면의 두려움 또는 혼란스러움을 해결하기 위해 소중한 자신의 에너지를 잘못된 방향에 사용하고 있을 뿐이다. 드러난 방향이 게으름으로 보일 뿐, 실제로는 계속 에너지를 반대 방향으로 사용하면서 움직이고 있다고 봐야 한다.

그러던 중 마감일이 되어서야 허둥지둥 미루던 일을 하게 된다. 왜 마감 시간에는 하게 될까? 미루게 하는 불편감보다, 마감 시간이 주는 두려움이 더 크기 때문이다. 하지 않으면 안 되는 쪽의 두려움이 더 강하면 우리는 움직인다. 기존의 불편보다 더 강한 불편이 우리의 행동 방향을 바꾸게 한다. 고통을 피하기 위해 더 큰 고통을 활용하는 삶은 에너지를 낭비하는 삶과 같다.

그러나 누구도 그렇게 살아야 할 이유가 없다. 단지 습관이 주는 생각과 감정을 너무나 당연한 것으로 받아들였을 뿐이다. 자신이 만든 함정이란 점을 모르고 스스로 한계라 여긴 채 악순환을 벗어나지 못했던 것이다.

내면대화를 믿어 버리고 그저 따라가면 우리는 이런 식의 패턴, 이런 고단한 삶을 당연하게 받아들이게 된다. 그런데 만일 이 내면대화를 조정할 수 있게 된다면 어떻게 될까? 자신이 내면대화를 다룰 수 있는 진정한 주인이 된다면 어떻게 될까?

내면대화에 관한 이해는 바로 여기에서 벗어날 수 있는 희망을 내게 보여 주었고, 이 책을 쓰는 계기가 되었다. 분명히 여러분에게도 이런 선물 같은 변화가 가능할 것이다. 왜냐하면 그 선물은 누가 주는 것이 아니라 늘 그곳에 있기 때문이다. 단지 그 함정을 내가 만든 함정이라고 제대로 인식하기만 하면 변화할 수 있다.

습관적 생각은 불행을 만든다

기억하라. 우리 뇌는 대체로 비판하고 심판하며 불평하는 경향을 띤다. 또한 행복한 사건은 생존에 어떤 이득도 주지 않기 때문에 우리 뇌는 행복한 사건을 무시하는 경향을 띤다. 이런 이유에서도 우리 머릿속의 대화는 부정적인 성향을 띤다. — 모 가댓

내면대화를 연구한 셰드 헴스테터는 우리가 자라는 동안 타인으로부터 14만 번 정도의 "안 돼!"라는 말을 듣는다고 말한다. 이에 반해 긍정적인 말은 수천 번 정도에 불과하다고 한다. 인간의 뇌가 생존을 위해 걱정과 두려움에 너무 지나치게 신경 쓴 결과다. 결국 우리는 자신도 모르게 이런 부정적인 내면대화, 두려움을 더 '중요한' 감정으로 받아들이는 거대한 착각 속에서 살고 있

는 것이다.

다른 연구를 보면 우리의 머릿속에는 하루 종일 약 6만 가지의 생각이 맴돈다고 한다. 정말 많은 생각을 하면서 하루를 보내는 셈이다. 그런데 놀라운 것은 그 많은 생각들이 거의 대부분 똑같은 생각의 반복이라고 한다. 어제도 한 생각을 오늘도 반복한다는 연구 결과는 습관이 삶에 얼마나 큰 영향을 주는지, 우리가 평소 정신력을 얼마나 낭비하고 있는지 깨닫게 해 준다. 반복되는 습관적 내면대화는 과연 어떤 결과를 만들게 될까?

하버드 대학의 저명한 심리학자인 대니얼 길버트와 매튜 킬링스워스는 아주 독특한 실험을 했다. 정해진 시간에 실험에 참가한 2,250명에게 스마트폰으로 3가지 질문을 던졌다. 1) 지금 얼마나 행복한지 2) 무엇을 하고 있었는지 3) 무슨 생각을 하고 있었는지 조사했다. 위의 문항을 통해서 딴생각의 빈도를 확인할 수 있었다. 조사 결과에 따르면 놀랍게도 50퍼센트 정도는 지금 이 순간에 관한 것이 아닌 딴생각을 하고 있었다. 지금 여기가 아닌 생각 속에서 살고 있는 시간이 이토록 많다. 그런데 정말 놀라운 것은 이 딴생각이 불행을 초래한다는 점이다. 연구자들은 이렇게 말한다.

"인간의 마음은 방황하고 있으며, 방황하는 마음은 불행하다."

딴생각은 그것이 즐거운 생각이었든 걱정이었든 흘러가다 보면 후회와 슬픔, 걱정으로 잘 끝난다고 한다. 어느 순간 부정적인 것에 과잉반응하는 '습관의 뇌' 때문이다. 이처럼 딴생각이 많아지면 집중하지 못하고 시간을 낭비하게 되며, 다른 일을 하는 동안에도 계속 뭔지 모를 불편함이 이어진다.

내면대화에 이끌리면 부정적인 방향으로 나아가게 된다는 사실은 중요하다. 의식적으로 내면대화를 알아차리고 멈추거나 방향을 바꾸지 못하면 우리는 계속 불행에 세뇌된다. 딴생각으로 만들어지는 부정적 상태는 '지금 아무런 문제가 없지만, 조금 어긋난 것 같은 기분이다.' '꼭 해야 할 일이 있는데, 그것이 무엇인지 도무지 알 수 없다.' '뭔가 잘못되어 가고 있거나 놓치고 있다는 느낌이 든다.'는 식의 내면 상태를 만든다. 이런 과정은 은연중에 계속 잠재의식에 부정적인 믿음을 강화하게 한다.

습관적인 내면대화를 따라가면 우리는 무엇을 믿게 될까?

이렇게는 아무 소용없어. - 난 절대 유능하지 않아. - 오늘은 운이 나빠. - 난 너무 부끄러움을 많이 타. - 담배를 끊고 싶은데 나는 할 수가 없어. - 몸매가 엉망이야. - 노력해도 나는 안 돼. - 왜 저 사람은 늘 저럴까? - 그건 불가능해. - 오늘은 이 일을 할 수 없어.

딴생각이 만들어 내는 삶은 이런 모습이다. 습관의 가장 고약하고 안타까운 면이다.

습관과 행복 수준 높이기

행복을 연구한 학자들은 행복도 습관이며, 사람마다 행복 수준이 정해져 있다는 사실을 발견했다. 이 행복 수준은 내가 소망하는 것을 선택하기보다는 그저 평소에 익숙했던 상태를 지키려고 하는 뇌의 특성 때문이다.

우리는 행복한 감정을 좋아한다고 믿고 있지만, 뇌는 행복한 감정보다는 익숙한 감정을 선호하면서 빨리 원래대로 복귀해 버린다. 하버드 대학교 교수이자 영향력 있는 인지 과학자이자 진화 심리학자인 스티븐 핑커는 행복 수준에 대해 이렇게 말한다.

"뇌가 건강한데도 불행하다고 느끼기 직전에 있는 사람들이 있습니다. 반면 어떤 일이 닥치더라도 웬만큼 좋은 기분을 유지하는 사람도 있습니다. 아주 기쁜 일에도 곧 비참한 상태로 되돌아가는 사람도 있고요. 행복의 수위는 사람마다 차이를 보입니다. 사람마다 뇌가 다르게 조합되어 있기 때문입니다."

우리는 떠오른 생각을 '나의 습관'이라고 받아들이기보다는 그게 '진짜'라고, 중요한 것이라고, 진실이라고 믿는다. 진짜라고 믿어 버린 내면대화는 정말 위험하다. 그 내면대화가 만들어 놓은 상자 안을 진짜 세상이라고 받아들이고 그 안에서 좁고 답답하게 사는 것을 어쩔 수 없는 것이라 믿게 되기 때문이다. 마치 우물 안에 있는 개구리가 오직 그 안에서 보는 하늘이 진짜 하늘의

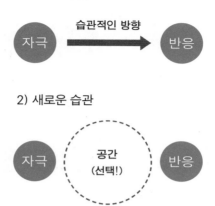

1) 기존의 습관

습관적인 방향

자극 ➤ 반응

2) 새로운 습관

자극   공간
(선택!)   반응

모습이라고 믿는 것과 같다. 반복되는 생각이나 감정이 나의 존재 상태라고 스스로 믿어 버리면 그것이 모든 불행의 단초가 된다.

반대로 습관적인 생각이나 감정, 즉 내면대화를 그저 '습관'일 뿐이라고 받아들일 수 있다면 어떻게 될까? 그 순간 내면대화의 목소리를 따르지 않고 다른 선택을 할 수 있게 될 것이다. 습관을 습관이라고 똑바로 아는 일종의 깨달음이다.

내면대화를 습관이라고 이해하게 되면 심리적으로 변화가 일어난다. 이것을 '심리적 거리'라고 하는데, 심리적 거리는 공간적 거리처럼 내면의 생각이나 감정에서 떨어져서 우리로 하여금 자신의 습관을 관찰할 수 있게 해 준다.

나치의 수용소에 감금되어 있으면서도 놀라운 삶을 직접 보여

준 위대한 심리학자 빅터 프랭클은 이렇게 말했다.

"자극과 반응 사이에 공간이 있다. 그리고 그 공간에서의 선택이 우리 삶의 질을 결정한다."

내면대화를 그냥 따라가면 자극에 따라 습관적 반응을 할 수밖에 없다. 그런데 내면대화를 습관의 목소리라고 보면 심리적인 공간이 생긴다. 공간이 생기면 선택할 수 있는 여유도 생긴다.

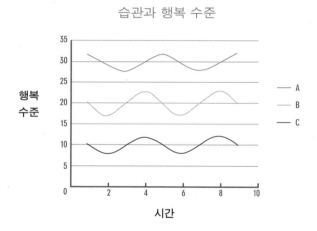

습관과 행복 수준

쉽게 이해하기 위해 위의 도표를 보면서 알아보자.

우리는 일상에서 즐거운 일과 그렇지 않은 일을 경험한다. 감정은 파동처럼 움직인다. 그런데 도표에서 보이듯이 실제로 행복이나 만족의 정도는 대부분 자신의 습관 수준을 따른다는 것을 알수 있다. 이 행복 수준은 표의 A, B, C처럼 그 사람의 수준에 따라 각각 다른 차원을 보여 준다. 결국 중요한 것은 '이 행복 수준을 어떻게 높여나갈 것인가?'다.

왜 우리는 습관의 벽을 넘어야 할까? 습관의 내면대화가 만들어 놓은 그 상자 안의 삶보다 더 나은 삶이 항상 '너머'에 존재하기 때문이다. 살면서 어쩔 수 없이 받아들인 것이 습관의 벽이라면, 삶의 과제는 그것을 해체하고, 더 좋은 것을 허용할 수 있는 상태로 바꾸는 것이다. 이것이 행복 수준을 높이는 것이다. 행복은 습관 '너머'에 있다.

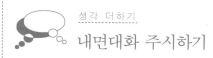

내면대화 주시하기

설명만으로는 자신의 내면대화를 제대로 알기 어렵다. 그래서 일주일 동안은 스스로 관찰자가 되어 내면대화 과정을 살펴보기 바란다. 일명 '내면대화 주시하기'다. 주시하고 관찰하는 능력이 향상되면서 점점 습관적인 내면대화의 속임수를 잘 알아차릴 수 있게 된다.

한 연구에서 사람들이 하루에 몇 번이나 음식에 관한 결정을 내리는지 물어보았다. 사람들은 평균적으로 14번 정도라고 추측했지만 실제로 주의 깊게 이들의 생각을 확인해 보니 하루에 평균 277회 정도나 결정을 내렸다. 음식에 관해서만 우리가 이런 식으로 놓쳐 버리는 내면대화가 200번이 넘다니 놀랍지 않은가?

내면대화를 제대로 잘 인식하는 것은 훈련을 통해서 가능하고, 동시에 꼭 필요한 과정이다. 내면대화에 대한 통제력을 기르는 최고의 방법은 내면대화가 자제력을 어떻게 잃게 하고, 어떤 말들로 나를 유혹하는지 스스로 알아차리는 것이다.

예를 들어 유혹에 굴복하거나 해야 할 일을 미루거나 나쁜 습관을 하게 될 때 내면에서 어떤 내면대화나 생각, 감정들이 경험되는지 호기심이 많은 관찰자의 태도로 꼼꼼하게 경험하고 기록해 보자. 중독, 유혹, 주의 산만, 걱정, 불안, 두려움이라는 습관이 만들어 내는 내면대화를 발견할 수 있을 것이다.

이때 중요하게 짚어야 할 점은 오직 관찰에만 집중하는 것이다. 충동이나 유혹 또는 여타의 다른 생각이나 감정이 올라오더라도 억제하거나 바꾸려고 하지 말아야 한다. 내면대화를 바꾸거나 굴복시키는 것이 아니라 순수하게 관찰하는 것이다. 많은 내면대화로 혼란스러운 마음을 알았다고 해서 문제가 아니란 점을 꼭 강조하고 싶다. 당신만의 문제가 아니다. 누구나 겪는 보편적인 경험이자 인간이기에 경험하는 것일 뿐이다.

성격도 습관이다

습관을 공부하면서 감정이나 성격도 습관이라는 사실을 온전히 이해했을 때 정말 놀랐다. 내가 그렇게 자주 느끼던 외로움이나 슬픔이 습관일 뿐이었고, 이런 습관을 넘어서면 더 이상 불행할 필요가 없다는 것을 알게 되었기 때문이다.

감정 습관을 연구한 심리학자들은 분명하게 말한다. 우울이나 불안, 걱정, 분노, 슬픔 등의 부정적인 감정에서 벗어나기 힘든 이유는 '감정 습관' 때문이다. 익숙하기만 하다면 고통스러운 것이라고 하더라도, 행복하지 않은 것이라고 하더라도 뇌는 상관하지 않는다. 그저 그 감정을 더 자주 오래 느끼도록 할 뿐이다. 습관의 뇌는 행복이 아니라, 평소에 익숙한 감정 상태로 돌아가는 게 우선이기 때문이다. 익숙한 감정 상태가 당연하게 여겨지고, 마땅히 느껴야 할 감정 지점, 표준 지점인 것처럼 우리를 그쪽으로 계속 끌고 간다.

이러한 감정 습관 때문에 행복 수준이 낮거나 자주 느끼는 감정이 불행인 사람들은 역설적인 상황을 경험한다. '낯선 행복'보다 '익숙한 불행'을 계속 유지하는 것이다. 계속 걱정을 하면서 불행해하지만, 동시에 이 불행 습관이나 걱정이 자신을 그나마 살게 해 준다고 믿는다.

심리학자인 하이디 한나는 『나는 스트레스 중독자입니다』에서 현대인이 스트레스에 중독되었다고 말한다. 스트레스 중독은 다른 중독과 마찬가지로 부정적 느낌을 정상적인 감정 상태로 받아들이는 것이다. 그 결과 평화로우면 오히려 불안해하면서 스스로 스트레스 상황을 만들어 낸다. 걱정거리를 찾고, 필요하다면 상상을 동원해서라도 문제가 될 상황을 고민하면서, 익숙한 스트레스 상태를 계속 경험하려고 한다. 스트레스 중독자는 그것이 꼭 필요한 일이라고 믿는다. 스트레스가 나를 그나마 살게 해 주는 꼭 필요한 것이라고 믿는 것은 행복한 삶과는 한참 거리가 먼 것임에 분명하다.

원래 습관대로 돌아가 버리는 함정은 결심할 때도 영향을 준다. '그래, 한번 해 보는 거야!'라고 결심하는 바로 '그 시점'에는 이러한 의욕이 앞으로 계속될 것이라고 생각한다. 감정에 대해서 우리는 이상하게도 그것이 앞으로도 계속될 것이라 착각하기 때문이다. 심리학자들은 지금의 감정이 미래에도 계속될 것이라고 믿는 것을 '심리 착각'이라고 부른다. 그것은 고통이나 즐거움 모두 해당된다. 시간이 지나도 고통은 고통으로, 즐거움은 즐거움으로 똑같이 남아 있을 것이라고 여긴다. 감정이 습관으로서 강력한 힘을 가지는 이유도 바로 이 심리 착각 때문이기도 한다.

예를 들어 당신이 누군가를 '정말 사랑하게 된 것 같다.'라고 느낄 때도 마찬가지다. 우리는 그 감정이 변하지 않을 것이라고 여긴다. 그런데 그 애틋한 감정은 시간이 지나면 대부분 달라져 버린다.

고통에서도, 열정에서도 똑같은 착각이 벌어진다. '요즘 너무 힘들어.' '이대로는 절대 안 된다.'고 생각할 때 우리는 큰 고통을 느낀다. 감정 착각 때문에 그 고통이 미래에도 계속될 것 같다고 느끼기 때문이다. 미래에도 겪을 것이라고 예상하는 고통을 지금으로 다 끌고 와서 고통을 확대하는 것이다.

지금 감정이 부정적이니까 나중에도 나쁠 것이라고 착각하는 것이나, 지금 열정적이니까 이 마음이 계속될 것이라고 착각하는 것 모두에 함정이 존재한다. 이러한 함정을 제대로 이해하지 못하면 습관을 넘어서려고 할 때에도 자신이 부족해서 변화되지 못하는 것이라고 자책하게 된다. 감정 습관이 만들어 놓은 착각을 진짜라고 받아들여서 생기는 함정이다.

그림을 통해 알아보도록 하자. 습관을 하나의 영역으로 보고 그것을 넘어서는 그림이다.

기존의 습관 영역을 넘어서 더 나은 곳으로 가려 한다면 A 또는 B로 가야 한다. 내게 익숙하고 편한 영역이 습관 영역이기에, 당연히 A나 B는 낯설고 불편한 영역이라 할 수 있다. 자신의 습관을 넘어선 지점으로 가려면 어렵거나 실패할 수도 있다고 생각하기에, 은연중에 불안을 느끼게 된다. 이런 불안을 '예측불안'이라고 한다. 우리는 이 불편한 느낌을 넘어서는 에너지를 얻기 위해 결심이나 열정을 이용하려고 하는데, 여기에도 함정이 있다.

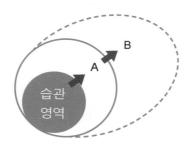

물론 결심이나 열정은 좋은 것이다. 그러나 결심한 시점의 열정은 계속되지 않는다. 그런데 우리는 결심할 때와 다른 감정 상태로 되돌아가면서(=감정 습관) 우울함을 느끼고 스스로에게 이렇게 말한다.

"나는 역시 안 돼!"

'기분'이라는 함정에서 벗어나야 한다. 지금의 일시적인 기분을 기준으로 삼아서는 안 된다. 내가 소망한 지점이 A나 B라면 그렇게 살기 위해 노력을 할 수는 있다. 그런 과정에서 자연스러운 열정이 올라오는 것은 고마운 일이다. 그러나 안타깝지만 그 열정만으로는 변화하기가 어렵다는 사실을 인정해야 한다.

또한 반대로 기존의 습관 영역에 머물면서 '내가 지금 그럴 기분이 안 들기 때문에' 포기해 버리는 것 역시도 감정이 만든 착각에 속아 버린 것이다.

잘 생각해 보자. 습관 영역에서 벗어난 A나 B 지점은 익숙하지 않아 당연히 불편한 영역이다. 불편한 기분은 판단의 기준이 아니라 내가 이해하고 받아들여야 할 나의 습관일 뿐이다. 불편한 느낌이 없었으면 좋겠다고 생각할 수는 있지만, 우리 뇌는 특성상 낯선 것을 불편해한다.

그러므로 불편한 느낌을 넘어설 수 있는 정신근력을 키우는 것이 중요하다. 내가 어떤 생각을 너무 당연한 것으로 받아들이고 있는지, 불편함은 어디서 오는지를 돌아봐야 한다. 이것을 알아차려야 습관 너머로 갈 수 있다.

감정도 습관이다

감정도 습관이라는 사실을 알려 주는 작은 실험을 해 보자.

눈을 감고 지난 한 주간 자신이 작아지던 순간, 혹은 원치 않는 생각이나 감정을 경험한 적이 있는지 돌아보자. 부정적인 감정이 들었던 때나, 무거운 느낌, 스스로 가라앉는 느낌 또는 안절부절못했던 느낌을 떠올려 보자.

그때 어떤 생각과 감정을 경험했는지 되돌아보면서 30초 이상 충분히 느껴 보자. 시간을 두고 그 감정을 충분히 되살려 보고, 어떤 생각들이 오고 가는지 느껴 보자.

그리고 이제 그 생각이나 감정을 작년이나, 3년 전 또는 5년 전에도 비슷하게 경험하지 않았는지 한번 떠올려 보자. 비슷한 감정을 꽤나 오래 비슷하게 느껴 오지 않았는지 스스로에게 물어보자. 아마 대부분 비슷한 감정 수준을 유지해 왔다는 것을 발견할 수 있을 것이다.

실제로 사람들에게 이렇게 질문을 던지면 대부분 오래전부터 계속 반복적으로 느껴 온 감정이라고 말한다. 뇌의 원리가 그렇다.

감정이나 성격이 습관이라고 인정하면 놀라운 변화가 생긴다. 부정적인 감정에 머물러 있는 것이 외부의 상황이 아닌 습관 때문이라면, 굳이 상황을 바꾸지 않고도 부정적 감정에서 벗어날 수 있기 때문이다. 반복적인 감정의 그늘 안에서 당연한 것으로 믿어 왔던 것을 넘어서는 방법만 익히면 된다.

2장 뇌의 속임수와 나쁜 습관

습관은 사람마다 조금씩 다르다. 그 고유한 습관을 만드는 가장 큰 동력이 과연 무엇일까? 『네 안에 잠든 거인을 깨워라』의 저자인 토니 라빈슨은 자신의 연구를 통해 이 힘을 바로 '고통과 즐거움'이라고 단언한다. 감정을 관장하는 중추인 편도체는 실제로 고통과 즐거움을 판단의 강력한 기준으로 삼는다. 우리가 어떤 경험을 하거나 상황을 볼 때 '좋다' '나쁘다' '중립'의 3가지로 구별하는 이유 역시 편도체 때문이다. 좋은 것을 즐거움으로 여기고, 나쁜 것을 고통이라고 여기고, 이도 저도 아니면 중립이라고 구별하는 것은 진화가 만들어 놓은 생존 본능이자 자동반응이다. 우리가 흔히 채찍과 당근의 방법을 사용하는 이유다.

물론 고통과 즐거움을 느끼는 방식은 사람마다 다르다. 이런 작은 차이들이 모여서 자기만의 독특한 습관, 곧 생각과 감정을 만든다.

토니 라빈슨은 이렇게 말한다.

"성공의 비결은 고통과 즐거움에 말려들지 않고, 고통과 즐거움을 활용하는 법을 배우는 것이다. 그렇게 되면 우리가 인생을 제어할 수 있지만, 그렇지 못하면 인생이 우리를 제어하게 된다."

습관적인 삶이란 자동반응하는 자신의 패턴, 규칙, 내면대화를 그대로 따르며 사는 것이다. 습관, 즉 과거가 만들어 놓은 고통과 즐거움을 진짜라고 믿는 것이다. 그런데 반대로 습관임을 알고 새로운 프로그램으로 그 습관을 바꿀 수 있다면 어떻게 될까? 분명히 다른 삶, 주인으로서의 새로운 삶을 살게 될 것이다.

습관이라는 상자 위에서 주인으로서 살기 위해 우리가 꼭 알아야 할 3가지 중요한 사실을 알아보도록 하자.

나쁜 습관과 뇌의 거짓말

앞서 말했다시피 고통과 즐거움은 뇌의 중요한 판단 기준이다. 고통을 피하고 즐거움을 추구하며 안도감을 느끼는 것은 인간의 본능이고 당연한 것이다. 그런데 인간의 뇌는 과장하는 습성이 있다. 뇌의 과장하는 습관은 쉽게 말해서 자신의 정서적인 경험을 과대 포장하는 것이다. 좋은 경험은 더욱 즐거운 경험으로 받아들이게 하고, 안 좋은 경험은 더욱 불쾌한 경험으로 느끼게 만든다. 이 과장하는 습관은 상황에 따라서 낙관주의로 나타나기도 하고, 비관주의로 나타나기도 한다. 또한 고통과 즐거움을 과장시켜 지나친 걱정이나 중독을 만들어 내기도 하고 나쁜 습관을 계속하게 만들기도 한다.

왜 이런 특징이 우리 안에 있는 것일까? 그것이 생존에 유리하기 때문이다. 과장해서 해석하고 받아들이면, 이후 비슷한 상황에 처했을 때 나쁜 경험을 확실하게 피하게 하고, 좋은 경험은 반드시 추구할 수 있기 때문이다. 피곤하다는 이유로 먹이를 찾는 일을 게을리하지 않고, 짝짓기를 뒤로 미루지 않는 것이 생존에 유리하다. 만일의 위험은 확실하게 피하는 것이 생존에 유리하므로 위험을 과장되게 느끼도록 한다.

그런데 이런 과장하는 습관이 필요 이상의 불안이나 필요 이상의 집착을 만들어 내기도 한다. 우리가 자신의 생각과 느낌을 통제하기 힘들게 하는 것이다. 갈망에 사로잡히는 이유는 우리 뇌가 즐거움을 아주 강력하게 과대 포장하기 때문이다. 돈을 펑펑 쓰고, 알코올에 의지하거나 폭식을 하고, 특정 행동을 반복하게 되는 이유는 바로 이 때문이다. 여기에 습관 회로가 더해져 반복하면 할수록 뇌는 문제 행동이 생존에 더 필수적이라고 여기고 우리를 꼼짝 못하게 만든다. 또한 여기에서 벗어나려고 하면 더욱 더 불편하게 느끼도록 하고, 갈망을 더욱 중요한 것으로 여기게 된다.

이게 나쁜 습관이 가지는 강력한 힘이다. 고통스러운 느낌을 피하기 위해 특정 행동을 반복하면 뇌는 그 행동을 최우선 목록에 올리고 그 행동을 계속 반복하려는 생각, 충동, 욕망을 만들어 낸다.

정신과 의사이자 경영 컨설턴트이고 자기계발 강사인 마크 고울스톤 박사는 자신을 망치는 나쁜 행동에 대해 이렇게 말한다.

"자신을 망치는 행동은 스스로 기분을 좋게 하려는 시도에서 비롯된다. 그런 행동은 좋지 않은 상황에 대처하기 위한 나름대로의 심리기제인 것이다. 위기 상황이나 위협, 혹은 잠재적으로 우리를 화나게 할 것 같은 상황을 마주하면, 우리는 자신을 보호하려 애쓴다. 그래서 긴장을 줄여 주거나 상처를 받지 않게 해 줄 수 있는 것들을 붙들려 한다. 그 당시 그 행동은 논리적이고 적절한 것으로 보인다. 그리고 단기적으로는 우리를 안도하게 할 수도 있다. 하지만 그런 행동은 반드시 우리를 찾아와서 괴롭힌다. 그러면 우리는 나약하고 어리석게 행동했던 것에 대해 스스로를 비난한다."

고울스톤 박사는 나쁜 습관의 출발점을 '스스로 기분을 좋게 하려는 것'이라고 말한다. 자신을 보호하려고 한 것인데, 이내 유해한 행동을 통해 일시적인 만족감을 얻겠다는 강한 욕망으로 바뀌며 상황은 달라진다. 욕망은 더 강해지고, 그 욕망을 충족하지 않으면 불편을 느끼게 만드는 식으로 바뀌는 것이다.

UCLA 의과대학의 제프리 슈워츠 교수는 이것을 '뇌의 거짓말 순환구조'라고 설명한다. 교수가 '뇌의 거짓말'이라고 표현한 것도 재미있다. 내면대화를 거짓말이라고 정의하기 때문이다.

뇌의 '거짓말 순환구조'는 그림과 같다.

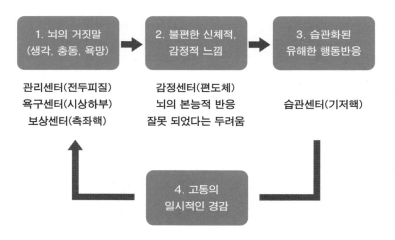

어떤 상황이 닥치면 1) 습관적 반응을 유도하기 위해 내면대화가 시작된다. 습관적인 생각 또는 욕망이 일어나게 된다. 2) 우리는 그렇게 일어난 생각이나 욕망 때문에 모종의 불편한 느낌을 경험한다. 이 과정이 진행되면 '스스로 만들어 낸 불편한 느낌'에서 '벗어나기 위한 욕망'이 간절해진다. 3) 그 결과 습관화된 유해한

반응, 자동화된 습관적 반응을 한다. 4) 그리고 놀라운 것을 경험하게 된다. '스스로 만들어 놓은 그 고통'이 일시적으로 경감되기 때문에 '마음이 편해지는' 것이다. 그림에서 보이듯이 각각의 과정마다 뇌의 각 부분이 기능을 수행한다.

화를 내는 상황은 이 과정을 잘 드러내 준다. 화를 내다가 일시적으로 감정이 풀리면 이는 기분 좋은 느낌이라 할 수 있다. 반대로 화를 참고 있을 때 마음속에 계속 화가 더 쌓이면서 커지는 느낌도 경험해 보았을 것이다. 화를 참으면 참을수록 오히려 화를 내야 할 이유들이 더 많이 생각나면서, 상대가 더욱 밉게 보이는 것이다. 뇌의 거짓말 프로세스 때문에 경험하는 증상들이다.

마찬가지로 우리는 불편을 벗어나기 위해 텔레비전을 보거나 담배를 피운다. 그런 행동을 하기 전에 어떤 생각이나 감정이 있었는지 스스로 정직하게 들여다보면 뭔지 모를 불편함, 불안함을 발견할 수 있을 것이다.

중독을 들여다보면 이처럼 '스스로 만들어 낸 불편한 느낌'을 '벗어나기 위한 욕망'이라는 내면대화를 확인할 수 있다. 이것을 보면 중독은 참 슬픈 것이다. 자신이 만든 함정에 스스로 빠지기 때문이다.

알코올 중독자가 술을 마시는 과정을 한번 들여다보자.

(1) 어떤 상황이나 사건이 불편하게 느껴지면, 중독자의 뇌는 그 불편을 해결하는 수단으로 술을 통해 느낀 행복을 떠올린다. 습관적으로 그것이 도움이 된다고 예측하고, 술이 행복감을 줄 것이라는 욕망을 느낀다.

(2) 술을 마시면 행복할 것이라는 욕망이 더해지면 불편함은 증폭된다. 그리고 뇌의 거짓말이 모습을 바꾸면서 계속 나타난다. '이렇게 되었으니 술을 먹는 게 당연하다.' '오늘 힘들었잖아.' '너는 즐겨도 돼.' '뭐 하러 힘들게 참아, 그냥 해.'라는 생각이 든다. 불편함을 강조하는 내면대화들을 참으면 참을수록 더 고통스러워진다.

(3) 술을 마시지 못하는 이 상황이 나를 막아서는 느낌이 들며 화가 나기 시작한다. 여기에 뭔가 작지만 스트레스를 주는 사건이 있다면, 더더욱 술은 간절해진다. 이런 충동을 따르지 않으면 불행하고, 내 욕망을 존중하지 못하는 것처럼 느껴진다. 이런 불편함을 스스로 만들어 내고 있다는 사실조차 모른 채 스스로 불행을 더욱 강조하는 생각과 감정이 일어난다.

(4) 이런 내면대화를 따라가다 보면 결국 술을 마시게 된다. 그리고 술을 마시는 순간, 앞선 생각들이 사라진다. 불편을 만들어 내는 뇌의 거짓말이 목적을 달성했기 때문이다. 그리고 일시적으로 편안함을 느낀다. 이 일시적 편안을 행복이라고 느끼기도 한다.

다른 사람이라면 경험하지 않았을 내면대화, 그것이 만들어 내는 불행을 해소하면서 행복을 느낀다는 것은 아이러니하다. 아주 일상적인 상황에서조차 중독자는 이렇게 뇌의 거짓말 순환구조로 힘들어한다.

누구에게나 자신의 욕망은 소중하다. 그 욕망을 거부하면서 살기는 어렵다. 그런데 뇌의 거짓말이 만들어 내는 욕망은 불편을 가장한 가짜 욕망이다. 결핍을 이용해서 채워야 한다는 충동을 만들어 내는 것이다. 세상에는 결핍을 채우려는 욕망도 있지만, 결핍이 아닌 더 좋은 것을 원하는 다른 수준의 욕망도 있다. 결핍이 기반이 된 습관과 욕망은 채워도 결코 채워지지 않을 욕망이다. 계속 맴돌 수밖에 없다.

제프리 슈워츠 교수는 누구라도 뇌의 속임수로 인한 괴로움과 맞서 싸울 수밖에 없다고 말한다. 나쁜 습관에 빠진 당신은 환자도, 문제도, 비정상도 아니라는 것이다. 단지 이런 뇌의 거짓말이 만들어 내는 생각, 충동, 감각에 집중할 필요나 가치가 없음을 스스로 깨달으면 된다. 보다 나은 선택을 통해 습관에서 빠져나와 삶을 더 온전히 경험하는 것이 중요할 뿐이다. 누구나 자신의 함정에서 빠져나올 수 있는 능력을 가지고 있다.

나쁜 습관에 빠져서 자기비하, 공포, 갈망을 반복하며 내면대화가 마음을 좌우하게 내버려 두면 안 된다. 자신이 유해한 행동에 빠져 있다는 것을 깨닫고, 뇌의 거짓말을 넘어서기 위해 새로운 습관에 에너지를 투입하고, 낡은 습관의 충동이 일어날 때마다 전과 다른 선택을 하면서 뇌에 새로운 길을 만들어야 한다.

모든 습관의 저항

뇌의 거짓말은 불편을 벗어나라며 엉뚱한 행동을 하게 만든다. 때로는 긍정적인 방향으로 가려는 의지를 막아서기도 한다. 예를 들어 습관의 벽을 넘어 뭔가를 하려고 한다고 해 보자. 그런데 새로운 삶을 선택하고 행동하려고 할 때 떠오르는 수많은 생각들이 있다.

'너무 피곤해.' '그건 너무 어려워.' '나는 실패하고 말 거야.' '시간이 아주 오래 걸릴 거야.' '나는 우울하고 자신감이 없어.' '나는 불안해.' '다른 사람들이 찬성하지 않을 거야.' '나는 그럴 자격이 없어.' '지금은 적절한 시기가 아니야.' '그렇게 하는 건 틀렸어.' 등 다양한 목소리가 존재한다.

예전의 습관을 벗어나려 할 때 이런 내면대화의 저항이 실패를 부른다. 사람들이 멋진 삶을 포기하는 이유도 바로 이런 내면의 저항에 하나하나 굴복하면서 벌어진 일이다.

그렇다면 이런 내면대화를 사라지게 만들고 마음속 저항을 없앨 수 있을까? 안타깝지만 불가능하다. 자꾸 원래 위치로 돌아오게 만드는 뇌의 거짓말을 없앨 수는 없다. 언제라도 우리는 저항의 이유를 끊임없이 만들어 내는 내면대화를 경험할 수밖에 없다.

목표를 산이라고 할 때, 그곳으로 가려면 어쩔 수 없이 지나가야 하는 늪에 비유할 수 있다. 오직 늪을 헤쳐 나갈 것인가 아니면 포기할 것인가만 선택할 수 있다. 늪이 주는 불편한 경험은 습관의 뇌를 넘어서기 위해 꼭 필요한 관문이다.

이 '저항'에 대해 우리가 꼭 알고 있어야 할 사실들이 있다. '모든 습관은 서로 연결되어 있다.'는 것과 그 결과 '모든 연결된 습관들의 저항을 경험할 수밖에 없다.'는 점이다.

습관들은 거미줄처럼 서로 복잡하게 연결되어 있다. 그 결과 습관 하나를 바꾸려고 하면 그와 연결된 다른 것들까지 영향을 받게 된다.

예를 들어 다이어트를 하려고 하면 단지 먹지 않는 것으로 끝나는 게 아니다. 친구들과 즐겁게 도넛 가게를 가는 것, 사람들과 어울려 시원한 맥주 한 잔을 마시면서 치킨을 먹는 것도 고민할 수밖에 없게 된다.

하나의 습관을 해결하려고 하면 우리는 서로 연결된 많은 습관들의 저항을 경험하게 된다. 하나의 습관을 억지로 참으면 다른 쪽에서 터져 버리는 이유도 이런 이유 때문이다.

이런 사실을 감안한다면, 습관을 바꾸려면 행동 하나가 아니라, 모든 습관들의 공통적인 부분을 다룰 수 있는 방법을 익히는 일이 중요하는 것을 확인할 수 있다. 불편을 만들어 내는 뇌의 거짓말을 다뤄야 한다. 그게 바로 내면대화를 다루는 것이 효과적인 이유다.

나쁜 습관 없애기는 잘못된 목표

지금까지 알아본 습관의 특성을 바탕으로 습관을 넘어설 때 중요한 핵심 3가지를 알아보도록 하자.

첫 번째 명제는 '나쁜 습관을 없애려는 것은 잘못된 목표'란 점이다.

우리는 대부분 나쁜 습관을 없애려고 한다. 그런데 뇌 과학자들은 이것을 잘못된 접근이라고 말한다.

많은 사람들이 습관을 바꾸기 위한 것으로 의지, 결심, 노력, 애씀 등을 꼽는다. 하지만 전문가들은 '습관은 새로운 습관으로 교체해야 한다.'고 말한다.

나쁜 습관을 없애는 것이 잘못된 목표라는 점, 습관은 새로운 습관으로 교체해야 한다는 것을 이해하면 나쁜 습관과 새로운 관계를 맺을 수 있다. 우리 뇌에 한번 각인된 나쁜 습관은 후에 새로운 습관으로 대체될 수 있지만, 그렇다고 해도 이전의 습관은 결코 사라지지 않고 뇌에 남아 있게 된다. 게다가 이미 유전적으로 우리 뇌에 각인된 몇몇 습관적인 판단회로(흔히 뇌의 착각이라고도 말한다.)도 있다.

앞서 살펴본 심리 착각이나 정서적 과민 반응은 물론이고, 화내는 것, 비교하는 것, 위험에 과잉반응하는 것, 부정적인 것을 우선적으로 연상하는 것, 불안과 걱정과 두려움으로 반응하는 것 등은 뇌에 탑재된 기본 프로그램이다. 생존에 유리했기 때문에 태생적으로 가지고 있는 습관이다.

또한 살면서 만들어진 습관도 한번 만들어지고 나면 뇌에 깊고 강한 흔적을 남긴다. 담배나 술 또는 어떤 중독을 경험했다가 끊은 사람들을 대상으로 수년이 지난 후 뇌 영상을 확인해 보았는데, 담배나 술에 노출되면 여전히 뇌의 습관 영역에서 반응을 보인다고 한다. 스스로 의식하지는 못한다고 하더라도 뇌에는 그 습관이 남아 있는 것이다. 이런 특성을 주변에서 쉽게 확인할 수 있는 예는 자전거다. 자전거 타는 법을 익히면, 아무리 오랜 시간이 지난 뒤에도 금세 다시 자전거를 탈 수 있다. 결국 습관은 그렇게 뇌에 흔적을 남긴다.

완전하게 없애는 것이 불가능하다면 습관을 다루는 새로운 방법을 익히는 것이 필요하다는 것을 알 수 있다. 그것은 바로 그 위에서 사는 방법을 익히는 것이다.

뇌의 거짓말 '위'에서 살기

쏟아지는 내면대화를 막을 수는 없다. 뇌는 걱정이나 두려움, 불안과 이전의 기억들을 쌓아 두고 있으며, 그것을 계속 드러내기 때문이다. 이런 내면대화를 완전히 없애겠다는 것은 뇌의 작동을 멈추려고 하는 시도와 같다.

그럼에도 우리는 너무나 쉽게 '나쁜 생각, 나쁜 감정에 빠지지 말라.'고 조언한다. 그런 조언을 들을 때마다 우리는 속으로 '누구는 몰라서 이러는 줄 알아?'라고 되받아친다. 그리고 내면의 검색 엔진은 또 자신을 향한 다른 이야기를 만들어 낸다. '나는 도대체 왜 이런 거야!' 그리고 점점 더 자신의 상자 안으로 깊이 들어가게 된다.

이중적인 마음이나 꼬리에 꼬리를 무는 내면대화는 논쟁으로 이길 수 없다. 어떤 논리적인 접근이라 할지라도 '만일 이러면 어떡하지?'라는 내면대화 앞에서 누구라도 실패할 수밖에 없을 것이다.

습관이 만들어 놓은 내면대화를 따라가다 보면, 꼭 늪에 빠진 것처럼 느끼게 된다. 늪에 빠졌을 때 자꾸 허우적거리면 더 깊이 빠지는 것처럼 말이다.

우리는 이제 늪 위에 배를 띄우고 살아갈 방법을 찾아야 한다. '내면대화 위에서 물들지 않고 사는 법'을 익혀야 한다.

여러분이 만일 중요한 일을 처리해야 할 상황에 처했다고 생각해 보자. 본인의 능력을 최대한 펼쳐야 하고, 다른 사람의 동의를 구해야 하는데, 워낙 중요한 일이기에 걱정이 되는 상황이라고 가정해 보자. 이럴 경우 여러분의 내면에는 어떤 장면이 펼쳐지게 될까?

1) 그렇게 걱정하지 않아도 잘 해결될 것이기에 자신이 좋아하는 음악을 듣거나 영화를 보거나 쇼핑을 하는 것에 집중한다.
2) 일을 처리할 수 있다는 자신감과 오히려 이번 일을 통해서 더 좋은 결과를 얻을 수 있다는 생각으로 편안하게 보내는 데 집중한다.
3) 이번 일이 실패하면 직장생활이 어려워질 것이라고 걱정한다. 나를 비웃는 직원이나 상사의 모습이 그려지기도 한다. 왜 나에게 이런 일을 맡겼는지 탓하거나 원망하는 마음이 든다. 꼭 '뭔가에 쫓기고 있다는 느낌'이 들고 자꾸 부정적인 것에 집중하게 된다.

여러분에게 이 중 어떤 것을 경험하는지 물어보면 분명히 3번이라고 말할 것이다. 2번인 사람들은 이 책을 읽을 필요가 없을 것이다. 1번이라면 좋겠지만 보통 1번처럼 행동하는 경우 오히려 '미래의 걱정 때문에 그것을 잊기 위해 쇼핑 목록을 작성한다.'가 진실일 것이다. 그렇다면 3번의 상황에서 우리는 어떻게 해야 할까?

1) 불편함 때문에 힘들어서 그 상황에서 벗어나려고 한다.

2) 마음에 대항한다. 불편한 생각이나 증상을 제거하려고 한다.

3) 마음이 주는 불편한 생각이나 감정적 느낌을 습관이 내뿜는 내면대화라고 알아차린다. 늪에 빠지지 않기 위해 뇌의 거짓말 '위'에서 사는 방법을 선택한다. 불편을 끌어안고 공존한다. 불편을 수용하는 새로운 습관, 불편의 에너지를 전진의 에너지로 바꾸는 새로운 습관, 불편 안에 숨어 있는 진정한 소망을 발견하는 새로운 습관을 제대로 적용한다. 내면대화의 불편함을 통과하고 지금 여기에 집중하면서 살아간다.

1번은 나쁜 습관으로 이끄는 뇌의 거짓말에 그대로 따라가는 것이다. 2번의 경우는 '습관에 대한 습관적 대응'이라 할 수 있다. 계속 자신의 생각이나 감정과 싸움을 벌이지만, 싸울수록 더 강화되는 마음의 특성 때문에 결국은 힘들게 살아가게 된다.

이 책에서 제안하는 방법은 당연히 3번이다. 이 방법을 활용하려면 무엇이 중요할까? 바로 불편함과 공존하는 것이다. 불편함을 일방적으로 밀어내거나 없애려는 태도를 넘어서야 한다. 그동안 당연하게 여길 만큼 자동적으로 반응한 '불편 → 거부, 없애기, 모른 척하기'를 넘어서는 것이다. 보다 현실적인 조언으로 바꾼다면 그것은 바로 '싸우지 않기'다.

싸우지 않기

심리학계의 3대 거인 중 한명으로 불리는 알프레드 아들러는 이렇게 말한다.

"심리치료의 핵심은 증상을 없애는 것이 아니라 목표를 바꾸는 것이다."

습관 '위'에서 사는 첫 단추는 바로 목표를 바꾸는 것이다. 나쁜 습관을 없애려는 것이 아니라 그 위에서 사는 것으로 목표를 바꿔야 한다. 이렇게 하기 위해서는 '나쁜 습관은 없다.'는 관점을 받아들여야 한다. 나쁘다는 판단을 내려놓아야 자신과 싸우지 않기 때문이다. 내면의 싸움을 하지 않으려면 그 증상이 나쁜 것이라는 생각을 넘어서야 한다. 나쁘다고 여기면 우리는 싸우거나 회피하거나 얼어붙거나 하는 자동반응을 보이게 된다.

'나쁜 습관은 없다.'는 점을 잘 이해하려면 1) 없애려고 하면 마음은 오히려 더 집중하게 된다는 것, 2) 나쁜 습관은 문제가 있는 것도 아니고 비정상도 아닌, 우리가 풍족하고 의미 있는 삶을 위해서 자연스럽게 받아들이고 안아 줘야만 하는 것이라는 사실을 이해해야 한다.

우리는 하던 일에 문제가 생기면 빨리 해결하려고 그 문제를 없애는 방법을 찾곤 한다. 고장 난 기계를 고치기 위해 고장 난 부분을 바꿔 버리는 것과 비슷하다. 그런데 마음은 이런 식으로 움직이지 않는다. '나쁜 생각과 감정의 힘은 왜 강할까?'라고 묻는 다면 이런 문제 해결 방식, 즉 없애려고 하는 방식이 나쁜 생각과 감정을 없애기는커녕 오히려 더 강하게 만들기 때문이라고 볼 수 있다.

사과를 생각하지 말라고 하면 오히려 더 생각하게 되는 이런 심리는 널리 알려진 이야기다. 원치 않는 생각이나 감정을 없애거나 쫓아 버리려고 하면 뜻대로 되지 않는 경험을 해 보았을 것이다. 부정적인 생각이나 감정이 불편해서 그것을 없애려고 하면 어떻게 될까? 오히려 그것을 더 고민하게 되고, 생각은 더 많아지고, 기분이 나빠졌을 것이다.

왜 원치 않는 생각이나 감정을 없애려고 하면 오히려 그 반대가 될까? 그것이 사라졌는지 확인하려는 뇌의 특성 때문이다. 부정적인 생각을 억제하려고 마음먹으면, 우리는 억지로 다른 것을 생각하려 하고, 동시에 그 생각이 아직도 계속 남아 있는지 확인하려고 한다. 이 때문에 없애려고 하는 그것을 계속 떠올리게 되는 역설을 경험한다. 이것을 '뇌의 감시자적인 특성'이라고 말한다.

마찬가지로 뭔가를 피하려고 하면 뇌가 무의식적으로 그것에 계속 관심을 준다. 술을 먹지 말아야 한다고 생각하면 계속 술을 먹는 것에 관련된 생각이 있는지 없는지 뇌가 자꾸 감시하게 되고, 역설적이게도 계속 술 생각을 주제로 삼게 된다. 그 결과 계속 술을 생각하다가 반대로 술을 먹어야 할 이유를 마음속에 가득 채우게 된다.

자전거를 타고 가다가 장애물을 발견하고 피하려 하면 할수록 우습게도 더 장애물로 향하는 경우도 이 때문이다. 프레젠테이션을 하려 할 때 '긴장하지 말아야지.' 하고 마음먹으면 더 긴장하게 되는 것도 마찬가지다. 발표를 앞두고 최악의 조언은 긴장하지 말라고 자신에게 말하는 것이다. 긴장은 당연하고 그것을 넘어서는 법을 익혀야 한다. 그 위로 올라가는 것이다.

이렇게 없애려고 하면 오히려 심해지는 역설은 다른 문제도 일으킨다. 없애려고 해도 안 되고, 오히려 계속 같은 생각이 반복되니까, 어쩔 수 없다고 여기게 된다는 점이다. 어쩌면 이게 더 큰 문제라고 할 수 있다. 문제 해결법이 적용되지 않으니 자신에게 문제가 있다고 받아들이게 된다. 사용한 방법이 가진 한계를 모르기 때문에 자신이 부족하다고 받아들이는 것이다.

그렇다면 우리는 내면대화에 어떻게 대응해야 할까? 어떤 관계를 맺어야 할까? 그것은 바로 포기다. 뭘 포기하라는 것인지 의구심이 들 수도 있다. 의지력에 대한 강의로 스탠퍼드 대학에서 최고의 인기 강좌로 명성을 얻은 캘리 맥고니걸은 이렇게 말한다.

"포기! 원치 않는 생각과 감정을 통제하려는 노력을 그만두면, 이런 생각과 감정도 나를 통제하려고 하지 않습니다."

조절하려는 것을 포기하는 것이다. 나쁘다고 바라보고 없애려고 하는 것을 넘어서는 것이다.

이것을 임상 심리학자인 루스 헤리스는 싸움의 스위치를 내리는 것에 비유한다. 싸움의 스위치를 내릴 때 비로소 반응하는 것을 넘어설 수 있다는 것이다.

우리 마음 한곳에 '싸움 스위치'가 있다고 상상해 보자. 이게 켜져 있으면 내면대화를 통해 싸움을 벌이게 된다.

예를 들어 두려움이나 걱정이 나타났다고 해 보자. '싸움 스위치'가 켜져 있으면 우리는 그 감정을 없애려고 반응한다. '이런 제길, 또 나쁜 기분이 드네. 어떻게 없애지?'로 나타난다. 이렇게 되면 걱정이나 두려움은 더 커진다.

이렇게 커져 버리면 우리는 '이건 불공평해. 왜 자꾸 이런 감정을 느껴야 하지?' 하고 분노할 수도 있다. 또는 우울해질 수도 있다. '또 이러네. 나는 언제나 이런 느낌을 느껴야 하는 걸까?' 이렇게 걱정과 두려움이 커지면 다른 감정을 끌어들이게 된다. 이렇게 감정이 더해지면 어떻게 될까? 결국 기분은 더 나빠지고, 도움도 안 되고, 집중도 안 되고, 에너지와 열정이 그것에 빨려 버리게 된다. 그리곤 그렇게 걱정하는 나를 또 걱정하게 된다.

그런데 만일 '싸움 스위치'가 꺼져 있다고 한번 가정해 보자.

그런 경우에는 어떤 내면대화가 펼쳐지더라도, 감정이 불편하더라도, 걱정이나 두려움이 나타나더라도, 싸우지 않게 된다. 나는 내면대화와 투쟁하지 않는다.

'그래, 속이 불편해. 가슴도 답답하고. 내 마음이 수없이 많은 무서운 이야기를 하고 있네.'

물론 이 상황을 좋아하거나 원하는 것은 아니다. 여전히 기분은 나쁘다. 하지만 싸우게 되면 내 시간과 에너지를 낭비한다는 사실을 알기 때문에 그렇게 하지 않는 것이다. 대신 나는 뭔가 뜻 깊고, 유익한 일, 지금 내가 있는 이 순간에 집중하면서 사는 것에 내 몸과 팔다리를 이용할 수 있을 것이다.

'싸움 스위치'가 꺼져 있다면, 나의 걱정 수준은 상황에 따라 오르내릴 수 있다. 어떨 때는 없을 수 있고, 또 어떨 때는 높거나 낮을 수 있다. 그러나 중요한 것은 걱정이나 두려움에 맞서는 데 시간과 에너지를 낭비하지 않는다는 점이다.

자신의 생각이나 감정과 싸우지 않는 것이 내면대화 '위'에서 살기 위해 꼭 익혀야 할 중요한 새로운 습관이다. 이 관점을 익히면 부정적인 생각이나 감정이 있더라도 이를 여러 가지 고려할 것 중의 하나로 대응할 수 있게 된다. 물론 우리 뇌는 저항할 것이다. 습관의 뇌가 자신의 말을 따르라고 할 것이다. 더 불편한 마음이 들 수도 있다. 그러나 그것을 그저 불편으로 이해하고 흘려 보내게 되면 내면의 정신근력이 성장한다. 나쁜 습관이 만든 규칙들은 점점 힘을 잃어버리게 된다.

이 새로운 관점을 익힌다면 마구잡이로 떠오르는 생각도 따라야 할 것이 아닌 습관으로 정확하게 보게 된다. 습관적 생각, 습관적 감정을 중요하게 여기던 마음에 스스로를 위해 더 나은 것을 선택할 수 있는 내면 공간을 확보하게 될 것이다. 문제라고 느끼던 것들이 이제는 그저 하나의 감정, 하나의 생각, 하나의 습관으로 보인다. 나쁜 것이 아니라 인간이기에 가지는 하나의 증상으로

만 보일 것이다.

독일의 자기계발 강사이자 세계적인 코치로 활동하는 마르코 폰 뮌히하우젠은 내면대화 위에 사는 것, 싸우지 않는 것을 '수용하는 능력'이라고 말한다.

"수용하는 능력, 마음에 들지 않는 자신의 모습을 인정하는 일은 인간이 성숙해 가는 과정에서 겪어야 할 가장 어려운 일에 속한다."

그는 또한 수용하는 능력을 키우는 방법으로 내면대화와 일종의 '평화조약'을 체결하라고 제안한다. 평화조약이 체결되면 신기하게도 해결과 변화로 가는 길이 저절로 열리고, 동시에 그런 해결책을 선택하는 과정이 힘들여 애쓰지 않아도 부드럽게 열리기 때문이다.

물론 반발하는 내면대화를 놓아 버리는 것도 힘든 과정이다. 예전의 생각 습관과 감정 습관이 나타나고, 또 그 반대의 생각이 떠올라 혼란스럽기도 하다.

그렇다 하더라도 통제를 포기하고 온전히 수용하고 받아들이자. 그 전까지는 누구라도 계속 맴돌게 된다. 내가 문제를 만들고 내가 그 안에서 헤매는 것이다.

나쁜 습관은 없다

불편을 느끼고 그것을 회피하려는 충동이 일어나는 것은 나쁜 습관의 특성이다. 이 불편이 만들어진 과정을 들여다보면 왜 싸우지 않고 수용해야 하는가에 대해 더 깊이 이해할 수 있다. 그리고 이 과정에서 '나쁜 습관은 없다.'라는 말의 또 다른 진실을 발견하게 된다. 먼저 불편이 만들어지는 과정을 한번 따라가 보자.

인간은 다른 동물에 비해서 뇌가 발달했다. 그런데 직립보행과 큰 뇌는 해결해야 할 또 다른 문제를 낳았다. 직립보행으로 좁아진 산도 때문에 머리가 큰 태아를 출산하기 어렵게 된 것이다. 그리하여 인간은 뇌가 완성된 형태로 출생되지 않는 방법을 택했다. 완성된 뇌가 아니라는 말은 인간이 덜 성숙한 상태로 태어나는 것을 의미한다. 다른 동물들은 태어나자마자 인간의 아기와는 비교가 안 될 정도로 활동하고, 먹고, 심지어 뛰어다니기까지 한다는 것을 생각해 보면 이해될 것이다. 인간은 덜 성숙한 채로 태어나기 때문에 다른 동물보다 성장하고 학습하는 시기를 훨씬 많이 필요로 한다.

히브리 대학 역사학 교수인 유발 하라리는 이런 인간의 특성을 유약이 발린 채 막 가마에서 나온 그릇과 비슷하다고 말한다. 가마에서 막 나와 '흐물흐물한 그릇'은 모양을 쉽게 바꿀 수 있는 상태다. 거의 어떤 모양이든 만들 수 있다. 결국 미성숙한 상태로 태어나는 특성 때문에 어떻게 자라는가에 따라서 전혀 다른 규칙들을 받아들이고, 마음속 깊이 간직하게 된다. 무방비로 세뇌될 수밖에 없는 상황에서 뇌는 무수한 내면대화를 내재화할 수밖에 없는 것이다.

미성숙하게 태어난 우리가 자라면서 어떤 내면대화에 노출되는지 살펴볼 필요가 있다. 먼저 가족을 한번 생각해 보자. 안타깝지만 우리는 태어나 처음 만나게 되는 가족 안에서 항상 조건이 붙어 있는 사랑을 경험한다. '착한 사람이 되어라.' '완벽한 사람이 되어라.' '똑똑한 사람이 되어라.' '예쁜 사람이 되어라.' '남들과 똑같이 하라.' '친절한 사람이 되어라.' '말을 많이 하지 말라.'는 등의 말을 수없이 듣는다.

동시에 우리는 '그렇게 하면 안 돼.' '도대체 너는 왜 그 모양이니?' '이것 하나 제대로 못하니?'와 같은 부정적인 말도 많이 듣는다. 가족 안에서 경험하는 이런 '규칙'들은 그대로 우리에게 영향을 주고, 그 말을 '진실'이라고 받아들일 수밖에 없게 된다.

물론 부모님의 바람은 자녀가 잘되는 것이다. 하지만 부모님도 사랑으로 행동을 선택하기보다는, 내면의 불편을 조절하기 어려운 나머지 강압적으로 드러내는 경우가 더 많다. 그런 면에서 가족은 한쪽은 사랑, 또 다른 한쪽은 거대한 세뇌를 그대로 전달하는 장소가 된다. '나처럼 하라.'는 부모의 압력과, 이러한 기대에 미치지 못하면 사랑이 철회되는 경험 속에서 우리는 불안해지고 상처받게 된다. 이런 상황 때문에 '정서적 위기'에 처하고, 자기를 '보호하고 방어해야만' 한다고 느낀다.

학교는 또 다른 규칙을 강제한다. 시험과 성적에 따라 줄을 세우고 엄청난 정서적 압박을 가한다. 우리는 학교에서 '실패할지 모른다.' '비난받거나 야단맞을지 모른다.' '왕따 당할지 모른다.' '바보스러워 보일지 모른다.' 등의 불안감을 경험한다. 스스로 보호하고, 방어해야 할 필요성을 더 강하게 느끼게 된다. 직장에서의 이야기는 더 말할 필요도 없다.

우리가 아직 뭐가 뭔지도 모를 만큼 어릴 때는, 작은 일이라고 하더라도 부족한 대응력 때문에 그 고통을 아주 크게 받아들일 수밖에 없었다. 그리고 자라면서는 권위 있는 인물이나 선생님이 만들어 놓은 규칙을 일방적으로 받아들이게 된다.

이런 우리 삶을 돌아본다면, 습관을 다르게 봐야 한다는 것을 알 수 있을 것이다. 나쁜 습관은 무엇일까? 나는 그것을 '배움 아닌 배움이고, 삶의 슬픈 흔적'이라고 생각한다. 나쁜 습관이 만들어진 배경에는 당시의 어려움과 불가피한 안타까움이 스며들어 있다. 어린 시절에 자신이 내린 답들이 모여서 흐물흐물한 뇌에 각인되었고 그것이 바로 내면대화로 남아 있는 것이다.

그렇다면 부정적인 내면대화는 상처받고 창피당하지 않도록 자신을 보호하는 생각과 감정이라고 봐야 한다. 힘들고 감당하기 어려운 어린 마음이 그 불편에서 벗어나려고 했던 것이다. 단지 그것이 점점 고착화되어 지금의 나쁜 습관을 만들었다는 것이 안타까울 뿐이다. 과거에 약한 아이가 만든 그 답이 지금까지 남아서 삶에 영향을 주는 것이 나쁜 습관이다.

부정적인 내면대화는 어릴 때부터 '내적 평정심을 유지하기 위해 동원했던 도구'임에 분명하다. 이 도구들은 수많은 규칙이나 믿음으로 나타난다. 내면대화는 이러한 개인사적 배경을 가지고 있다. 어릴 때의 경험에서 배움 아닌 배움으로 만들어진 이 규칙들이 서로 영향을 주고받으면서, 있는 그대로의 현실이 아닌 마음에 턱 하고 걸려 버리는 자기만의 머릿속 세상을 만들게 된다. 이 머릿속 생각을 가지고 세상을 재단하고, 타인을 판단하고, 스스로를 묶어 버린다. 그물에 걸리듯 거의 비슷한 것에서 늘 넘어진다. '늘 비슷한 내면대화'를 부추기고, 그 머릿속 생각들이 모여 큰 '저장고'가 되고, 그물을 진짜라고 믿으면서 습관적으로 살아간다. 결국 원래 있는 그대로의 삶과는 무관하게, 자기가 만든 어려운 삶을 당연하게 받아들인다.

부정적인 생각과 감정은 바보 같아 보일 수 있지만, 멍청한 것이라고 할 수 없을 것이다. 상처 받은 자신을 보호하고 살아남기 위한 것이기 때문이다. 해야 할 것은 방어적인 생각 뒤에 숨어 있는, 잘못된 믿음이나 삶의 흔적을 털어 내는 것이다. 아직도 그것이 필요하다고 믿고 있는 자신의 상태를 깨닫는 것이다. 두려움을 방어하려고 만든 믿음을 마주하고 떠나보내고, 더 나은 규칙을 스스로에게 만들어 줘야 한다. 이것이 성장이다.

이것이 바로 '나쁜 습관은 없다.'는 명제의 의미고, 우리가 느끼는 불편이 남겨 둔 숙제라고 할 수 있다. 물론 여기서 나쁜 것이 없다고 해서 그 사람이 잘못한 것은 없다는 식의 이야기는 아니다.

우리는 자신의 마음을 나쁘다고 규정하고, 나쁜 것이기에 밀어내려 하면서 즉각적으로 싸우려 한다. 싸우지 않고 기꺼이 받아들이고 수용해야만 한다는 사실을 스스로 체득할 때까지 계속된다. 나쁜 습관이 반복되는 이유는 간단하다. 스스로 자신의 상처를 안아 주지 않으면, 과연 어떤 누가 그렇게 해 줄 수 있을까.

『나쁜 뇌를 써라』의 저자인 강동화 교수는 이런 우리의 모습을 아주 재미있는 비유를 들어서 말해 준다. 바로 오래된 애인이라는 것이다. 중독에 빠지고, 불평하는 방어적인 전략은 그 시점에 나에게 필요한 애인이었을 뿐이다. 이제는 진짜 애인을 원해야 한다. 진짜 애인을 맞이하려면 과거의 습관에 대해 이제 '그럴 필요가 없다.'는 것을 스스로 말할 수 있어야 한다.

고마운 무의식

살면서 누구나 내면대화와 습관을 만들게 된다. 이 내면대화가 우리의 무의식을 구성한다.

나를 보호하려고 하지만 정작 스스로를 힘들게 하는 내면대화는 우리 삶의 다양한 곳에서 발견할 수 있다. 그 대표적인 예는 부모와 자식의 관계다. 부모는 자식을 사랑하고, 보호하고 싶어 한다. 하지만 정작 자녀를 위한다는 부모와 자식이 갈등을 일으키는 경우가 잦다.

뭔가를 하려 할 때 부모님이 반대한다면 어떻게 하는 것이 좋을까? 당연히 부모님을 안심시키는 것이 먼저일 것이다. 부모님께 그 일이 왜 소중하고 중요한지를 알려 드리고, 동시에 부모님의 걱정을 충분히 이해하고, 그런 걱정을 해 주시는 부모님에게 사랑해 줘서 고맙다고 말하면 어떻게 될까? 분명히 자식의 그 의견을 거부하지 않을 것이다.

이 방법을 내면대화에 적용해 보자. 내면대화에게 나를 보호해 줘서 고맙다고 말한다면 어떻게 될까? 다음 이야기를 통해 한번 생각해 보자.

결혼 적령기가 다 된 아가씨가 있다. 그녀는 직장동료인 한 청년에게 고백을 받았다. 그녀도 그 사람을 좋아했다. 그런데 이 청년은 학창 시절 흔히 말하는 불량 청소년이었다. 물론 지금은 과거의 일일 뿐이다.

어느 날 그녀는 엄마에게 교제 사실을 알리고, 애인에 대해 이야기하던 중 딸은 솔직하게 남자친구의 과거를 말했다. 그러자 엄마는 딸의 교제를 반대하고 나섰다. 엄마는 그 청년이 불량 청소년이었다는 점이 계속 마음에 걸렸기 때문이다. 이렇게 반대하는 엄마는 행여나 하는 걱정에 딸을 감시하게 되었다. 귀가 시간은 물론 휴가 여행도 못 가게 막았다.

딸은 엄마의 계속되는 참견에 불편해졌다. 엄마와의 관계도 점점 멀어졌다. 그렇다고 집을 나와 애인과 살 만큼 대담한 사람도 아니어서 힘든 날은 계속되었다.

엄마는 '너를 위해서'라는 말을 하면서 딸의 교제를 계속 막고 있었다.

딸이 소망하는 것은 사랑하는 사람과 사귀고 결혼하는 것이다. 그런데 엄마는 반대한다. 엄마는 자신의 과거를 돌이켜 볼 때 딸이 걱정되고 불안하기 때문에 반대하는 것이다. 이러한 엄마의 목소리를 우리가 경험하는 내면대화나 무의식에 대입할 수 있다.

딸은 '엄마의 반대만 없었어도 행복하게 사귈 수 있을 텐데.'라고 생각할 것이다. 그래서 엄마에게 '내가 누구랑 사귀든 엄마가 무슨 상관이야!'라고 반항한다면 어떻게 될까? 엄마는 더더욱 기를 쓰고 말리려 할 것이다. 내면대화와 싸우고 거부하는 방식이 실패하는 이유 중 하나는 무의식이 우리의 의식보다 더 강하기 때문이다.

그런데 엄마가 반대하는 이유는 딸이 미워서가 아니다. '혹시라도 딸이 상처입고 버림받고 불행해지면 안 된다.'는 엄마의 믿음과 걱정과 불안, 두려움 때문에 반대하는 것이다.

이런 상황에서 만일 딸이 엄마에게 이렇게 말한다면 어떤 일이 벌어질까?

"엄마, 저를 걱정해 줘서 고마워요! 저를 진심으로 걱정해 주시는 것은 알아요. 그래서 그런 말을 하시는 것이죠. 그런데 엄마가 정말 원하는 건 제가 행복하게 사는 것 아닌가요? 엄마도 그 사람을 만나 보면 틀림없이 좋은 사람이고 나를 위할 사람이란 것을 알게 될 거예요."

이런 말을 들은 엄마의 반응은 바뀔 가능성이 높아진다. 그 청년을 한번 만나 보거나, 교제를 지지하는 것으로 바뀔 수 있다.

마찬가지로 내면대화의 방어적인 면에 대해 의도를 정확하게 인정하는 방법이 '고맙다.'이다. 부정적인 말을 쏟아내는 내면대화를 향해 '무의식아, 고마워!'라고 말하면 어떻게 될까?

그러면 내면대화의 저항이 낮아진다. 감사하다는 말에 그 내면대화의 의도가 인정받았기 때문이다. 내면대화는 원래 안전과 안심을 바랄 뿐이었기 때문에, 감사하다는 말을 하면 내면대화의 저항은 감소하고 자연스럽게 놓아 버릴 수 있게 된다.

탁월한 직관력을 가진 멧 칸은 『사랑 사용법』에서 어린 시절의 경험이란 장차 당신이 그 모든 억압된 느낌과 부인된 기억을 영적 성장의 촉매로서 다시 불러내어 경험하게끔 마련되는 무대라고 말한다.

그러면서 슬픈 감정이 들 때 이렇게 대하라고 권한다.

"내가 슬펐던 때와 사랑하지 못했던, 원하는 만큼 응원받지 못했던 때의 기억들을 모두 데려올 테니 날 도와서 여태껏 받아본적 없는 사랑으로 이 기억들을 해방시켜 줘……."

내면대화에 끌려가면 우리는 또 헤매게 된다. 그런데 고맙다고 접근하고, 열어 두고 수용하면 새로운 문이 열린다. 이 문이 새로운 출발점을 만들어 준다. 전환의 문이다.

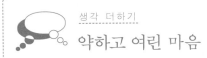

약하고 여린 마음

우리에겐 자신을 보호하고 방어하려는 생각이나 감정들이 필요했다. 우리 마음은 왜 그렇게 할 수밖에 없었을까? 왜 세상을 있는 그대로 수용하지 못하고 자신이 만들어 놓은 머릿속 세상을 민감하게 방어하려고 하는 것일까?

프랑스를 대표하는 정신과 전문의이자 심리치료사인 크리스토프 앙드레는 그 원인을 한마디로 정리한다. 바로 의식의 특성이 '상처받기 쉬운 약한 마음'이기 때문이라는 것이다.

우리 마음은 언뜻 강하고 고집불통이고 억지를 부리는 것처럼 보이지만, 실제는 약하고 여린 마음이다. 여리기 때문에 스스로 무력하다는 것을 알고, 최대한 위험하거나 두려운 것을 피하려고 한다. 약하기 때문에 주변을 계속 감시하고 혹시라도 불상사가 있을까 싶어 늘 불안해하고 걱정한다. 여리고 약한 마음이기 때문에 주변의 칭찬에 약하고, 주변의 압력에 쉽게 따른다.

이런 우리 의식 또는 마음의 특성을 이해한다면, 왜 싸우지 않고 수용하고 안아 줘야만 하는지 잘 이해할 수 있다.

불편함에 집중하라

> 불편함에 익숙해져야 한다.
> 나를 불편하게 만드는 것은 무엇인가?
> 나는 편안함이 위험한 감정이라고 믿고 있다.
> 불편한 데 익숙해져야 한다.
> 불편함은 꿈을 이루며 살아가기 위해 치러야 할 작은 비용이다.
> ― 피터 맥윌리엄스

누구나 더 좋은 사람이 되고 싶고, 성공하고 싶다. 그래서 우리는 항상 '무엇을 더 해야 하는가'를 찾으려 한다. 그런데 이 방법만으로는 더 나아가기 어렵다. 막아서는 적이 우리 안에 있기 때문이다. 우리가 앞으로 나아가고 싶다면 우리를 반대로 끌고 가는 모든 습관의 거짓말과 저항을 넘어서야 한다.

습관을 넘어 더 나은 내가 되려고 하면, 당연히 저항이 생긴다. 지금까지 살면서 익숙해진 영역과 내가 진정으로 원하는 곳 사이에 간극이 벌어지기 때문이다. 이 차이가 긴장을 유발한다.

이것을 소통과 경영 컨설팅 전문가인 로버트 프리츠는 고무줄에 비유했다.

무능력 혹은   **현실**   **비전**
무가치하다는 신념

　우리에게는 살면서 만들어진 신념이나 생각, 어쩔 수 없다는
믿음이 있다. 더 나아지기에는 부족하다는 믿음이다. 이런 특성
을 로버트 프리츠는 '무능력 혹은 무가치하다는 신념'이라고 말한
다. 하지만 동시에 우리는 그것을 넘어서고 싶어 한다. 이것은 무
능력하다는 신념의 기둥 반대편에 있다. 그리고 우리는 이 양극단
의 중간에 살고 있다.

　이 양쪽 기둥에 두 개의 고무줄이 있어서 서로 끌어당기고 있
다. 고무줄의 한쪽은 부정적인 내면대화로 나를 끌어당긴다. 또 다
른 고무줄은 비전(=너머)을 향해 나를 끌어당긴다. 양쪽에서 서로
갈등하는 두 개의 힘 때문에 내면에서 '긴장감'을 느끼게 된다. 고
무줄의 팽팽함, 이 갈등이 바로 불편함이다. 당신이 더 잘하려고
하면 할수록 이 불편함은 더 커지기 마련이다. '불편함'이야말로
우리가 정확하게 직면해야 할 중요한 핵심이다.

　넘어서려고 할 때마다 느끼는 이 불편함에서 나쁜 습관으로 되돌아가기를 반복하면서 점점 고착화될 수도 있다. 그러다 보면 뇌는 더욱 이곳이 안전한 곳이라고 받아들인다.

1) 습관으로 되돌아가는 삶

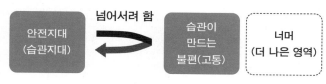

2) 습관을 넘어서는 삶

불편을 없애거나 회피하지 않고 통과하기

습관이 된 안전지대는 불편이나 고통을 회피하려고 하다가 생긴 영역이다. 하지만 우리가 원하는 것은 그 너머에 존재한다. 우리는 고통을 피하려 안전지대로 돌아가지만, 마음속에서 그 고통이 멈추거나 해결되는 것은 아니다. 자꾸 부정적으로 흐르는 내면 대화들은 그대로 남아 있기 때문이다.

안전지대로 돌아갔지만 남아 있는 고통을 보면서, 우리는 이 고통을 해결하기 위해 고통 대신에 다른 즐거움을 넣어야 한다고 생각하기 쉽다.

그러나 스스로 만든 이 안전지대가 삶을 안전하게 만들어 주는 것이 아니라 삶의 테두리를 자꾸 좁힌다는 사실을 직시해야 한다. 우리는 이 불편함을 해결해야 한다. 이 '불편함'은 누구에게나 해결해야 할 숙제고, 풀어야 할 퍼즐 조각이다.

모든 변화에는 '중간지대'가 있다

나는 외롭지 않기를 바라지 않는다.
외로움과 벗할 힘이 있길 바랄 뿐
— 박노해

습관은 패턴이고 규칙이고 일종의 프로그램이다. 생존을 우선으로 하는 뇌는 당신의 행복이나 가치 또는 성공에 전혀 관심이 없다. 그렇다면 우리가 이 프로그램을 교체해야 할 이유는 더 분명해진다. 진정한 나로서 살아가기 위해, 그리고 생존이 아닌 성장과 행복을 위해서 새로운 프로그램이 필요하다.

그 과정에서 과거의 습관과 새로운 습관이 공존하는 '중간지대'를 거쳐야 한다. 과거의 프로그램과 새 프로그램은 공존하면서 서서히 교체될 수밖에 없기 때문이다. 아무리 긍정적으로 변화하려 다짐해도 과거의 습관은 꽤나 오래 남아 있다가 조금만 방심해도 다시 모습을 드러낸다. 습관의 뇌가 자기의 역할을 수행하는 한 우리가 경험하는 불편함을 피할 수는 없다.

'중간지대'를 제대로 이해하지 못하면 섣부르게 실패라고 단정짓기 쉽다. '중간지대'는 다양한 모습이지만 핵심은 이중성이라 할 수 있다. 우리는 종종 이런 이중성을 받아들이지 못한다. 이중적인 내면을 대하면서 아직 완전히 바뀌지 않은 자신을 탓하거나, 스스로 '나는 안 돼. 또 이러잖아. 나는 어쩔 수 없는 사람인가봐.'라고 하면서 실패로 빠져 버리는 것이다.

중간지대를 인정하는 것은 뇌의 특성을 받아들이는 것과 같다. 나쁜 생각이나 감정이 존재한다고 해서 내게 문제가 있거나 실패한 것이 아니다. 그저 인간적인 특성일 뿐이다.

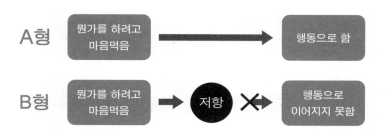

실제로 나쁜 습관을 가진 많은 사람들이 잘 살아가고 있다. 일어나고, 밥 먹고, 씻고, 출근하고 하면서 하루를 보낸다. 많은 경우 A형처럼 잘 움직인다. 그런데 어떤 경우에는 B형처럼 하려고 하는 것을 막아서는 나쁜 습관들을 경험한다. 이런 나쁜 습관은 뇌의 거짓말 회로를 통해 나타나고 우리는 불편을 느끼면서 내면의 저항을 경험하게 된다. B가 바로 우리가 고민해야 할 핵심이다.

저항이 어떻게 작용하는지 다음 그림을 통해 알아보자. 내면대화를 부정적인(-) 방향과 긍정적인(+) 방향으로 나눠 볼 수 있다. 플러스나 마이너스의 수는 내면대화의 양인데, 부정적인 방향이 더 강하다. 그래서 우리는 대부분 마이너스 때문에 혼란스러워한다.

전환의 길

보통 긍정의 방향(+)으로 가기를 원할 경우, 부정적인 방향(-)을 아예 무시해 버리려고 하기 쉽다. 그런데 이렇게 마음이 획획 바뀌지 않는다는 것이 문제다. 그렇다면 저항을 해결하는 새로운 방식을 택해야 한다. 마이너스를 받아들여야 자연스럽게 플러스를 선택해도 저항을 이겨 낼 수 있게 된다. 이 길이 바로 '전환의 길'이다. 전환의 길이란 1) 내면대화가 부정적인 방향으로 이끄는 것을 알아차리고, 2) 마이너스에서 출발해서 플러스로 방향을 바꾸는 것이다.

'전환의 길' 역시 한꺼번에 바뀌지 않는다는 사실도 유념해야 한다. 형광등을 켜면 곧바로 방이 밝아지듯 오는 변화가 아니다. 처음에는 눈치 채지 못할 정도로 아주 조금씩 변하다가 그러한 변화가 모여서 진짜 변화가 이뤄진다. 뇌의 거짓말을 하나씩 넘어서면서 변화된다. 이렇게 넘어서는 과정에서 어느 순간 더 이상 내면대화에 이끌려 살지 않고, 습관을 넘어선 자유를 경험하면서 우리는 진화하게 된다.

이렇게 보면, 자신의 나쁜 습관 중 몇몇 습관은 당분간 그대로 놓아 두면서 접근하는 것이 현실적이란 것을 알 수 있다. 모두를 바꾸려고 하면 엄청난 불편함을 이기지 못해 좌절하고 말 것이다. 지금의 자신으로부터 조금씩 나아가는 것이 더 좋은 방법이다.

내면대화의 4가지 언어

내면대화에는 생각 언어, 감정 언어, 행동 언어, 신체 언어가 존재한다. 4가지 언어로 구성된 내면대화는 생각이나 감정, 신체를 통해서 서로 연결되어 비슷하게 반응하면서 통일성을 유지하려는 특성을 보인다. 예를 들어 우울하거나 걱정이 많을 때 운동으로 땀을 빼고 나면, 개운해지면서 감정적 불편이나 걱정이 확연히 바뀌는 경우를 생각해 보자. 이런 경험은 통일성을 유지하려는 내면대화의 특징 때문이다.

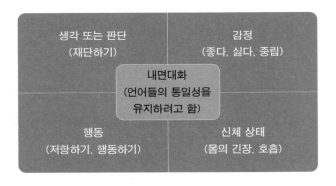

우리 몸은 우리의 생각과 감정을 그대로 반영하는 내면대화의 중요한 부분 중 하나다. 생각과 감정이 호르몬이나 신경전달물질을 분비시키고, 그 결과 생각과 감정에 어울리는 신체 증상을 드

러낸다. 예를 들어 스트레스를 받으면 배가 아파 온다든지, 머리도 아프고, 어깨나 목이 결리고, 가슴이 답답한 것 등이 해당한다. 우리 몸은 이런 면에서 내면대화 중 가장 투명하고 정직한 반응을 드러낸다고 할 수 있다. 불편 자체를 온전히 경험하는 것이 몸이다.

생각 언어, 감정 언어, 신체 언어가 어떻게 자신을 이끌고 가는지 예를 통해 알아보자.

당신에게 이미 이런저런 일이 너무 많은데, 상사가 오늘 당장 해결하라고 또 일을 줬다고 해 보자. 이 경우 내면대화를 이루는 각각의 언어들은 이렇게 반응할 것이다.

- 생각 언어 : '이 상사는 도대체 왜 이래?' 하면서 '하기 싫다.'는 생각이 들지만, '어쩔 수 없으니까 이 일을 해야만 한다.'는 생각이 들 것이다.
- 감정 언어 : 생각 언어에 영향을 받아서 우울하거나 화가 난다.
- 신체 언어 : 몸은 생각 언어, 감정 언어를 그대로 반영한다. 목 뒤가 뻐근하거나, 피곤함이 느껴진다. 또는 배가 아프거나, 가슴이 답답할 수도 있다. 더 이상 진행하기에는 에너지가 부족하다는 느낌을 받기도 한다. 긴장감도 많아져서 몸이 굳고 소화도 잘 안 된다.

이런 상황이 되면 '생각 언어'는 그래도 어쩔 수 없는 일이기에 감내하면서 그냥 하자고 할 수도 있다. 하지만, 나머지 감정 언어와 신체 언어는 싫다고 하는 상황이 된다. 내면대화를 이루는 언어들이 통합되지 않으면 혼란에 빠지게 된다.

이렇게 내면대화가 서로 충돌하면 대부분의 경우 '생각 언어'를 통해서 그 상황을 벗어나려고 하는 경우가 많다. '감정 언어'는 억지로 누르고, '신체 언어'가 주는 불편함은 차곡차곡 쌓아 가면서 지내는 것이다.

부정적 내면대화를 경험하면서 오직 생각만으로 벗어나려고 하는 이유는, 우리가 내면대화의 4가지 언어를 모르고 그것을 다루는 방법을 교육받은 적도 없기 때문이다.

나머지 언어를 다루지 못하면 생각 언어가 '어쩔 수 없이 해야만 한다.'는 결론으로 매듭짓게 된다. 내면대화의 4가지 영역이 서로 싸우다 보니 합의가 안 되고, 생각 언어의 결론인 '해야만 한다.'로 산다면, 일은 항상 더 힘들게 느껴질 것이다. 우울한 기분은 더해진다.

'어쩔 수 없어. 나는 그냥 하라는 대로 해야 해.' '경쟁에서 성공하려면 어쩔 수 없어.' '프로젝트를 해야만 해.' '어차피 나는 ○○○이야!'

물론 긍정적인 생각 언어를 이용해 보려고 할 수도 있지만, 이게 쉽지 않다. 긍정적인 생각을 방해하는 가장 큰 어려움은 바로 우리 안에 있는데, 그것이 '감정 언어'인 경우가 많다. 그러면 부정적인 감정이 긍정적인 생각에 자꾸 브레이크를 건다. 마음에서 격정이 일어나 긍정적인 생각에 대해 '말도 안 되는 소리!'라는 외마디 외침이 일어나면 더 이상 긍정적인 생각을 하기 어려워지고 또 다시 억지로 어쩔 수 없다고 하게 된다.

이렇게 혼란이 가중되면 몸, 즉 '신체 언어'는 긴장감을 느끼고 점점 굳어진다. 꽉 막혀 있는 느낌이 강해지면서 화를 폭발해야만 직성이 풀릴 것으로 생각한다. 누군가의 탓을 해야만 마음이나 몸이 편해질 것 같고 술이 필요해진다.

신체 언어도, 감정 언어도, 생각 언어도 신호다. 그런데 이 신호들을 어떻게 다뤄야 할지 몰라서 한쪽으로 끌려가거나 그 안에서 헤매면서 힘들어하는 것이다.

내면대화의 4가지 언어를 다룰 수 있는 방법을 체득해야 하는 이유는 바로 이 때문이다. 대부분의 사람들이 생각 언어 외에 '감정 언어' 또는 '신체 언어'가 있다는 사실을 잘 의식하지 못한다. 나쁜 습관으로 이끄는 불편한 생각, 감정, 신체 언어를 조절하는 법을 모르고, 뇌의 거짓말 속에서 고통을 반복하며 사는 것이다.

내면대화의 4가지 언어를 잘 이해하고, 속임수를 간파하고, 각각의 언어를 어떻게 다루는 것이 좋은지 안다면 당연히 전환의 길을 향할 가능성이 높아진다. 뇌의 거짓말을 더 쉽게 넘어설 수 있고, 보이지 않는 감옥을 탈출해 자신도 모르게 만들어 놓은 한계를 넘어서게 될 것이다.

먼저 알아야 할 베이스 습관

만일 집에 불이 나면 무엇부터 해야 할까? 당연히 불을 끄는 것에 집중하는 것이 먼저다. 불이 났는데, 왜 불이 났는지 원인을 찾거나 슬퍼하고 있는 것은 도움이 되지 않는다.

과잉반응한 내면대화, 만들어진 불편과 갈망은 내면의 화재라고 봐야 한다. 또는 나를 붙잡은 인질범으로 봐야 한다.

뇌의 거짓말 순환회로가 작동하면 누구라도 그 불편함에서 벗어나고 싶어 한다. 하지만 불편함 때문에 바로 엉뚱한 행동을 하는 것은 일면 불을 끄는 것처럼 보이지만, 불씨를 마음속에 담아두면서 더 곱씹게 만드는 것이다.

인질범에 붙잡히거나, 불이 붙었다면 그것을 끄는 방법을 익히는 것이 가장 먼저다. 그래야만 함정에서 빠져나오는 길들이 눈에 보이게 된다. 마찬가지로 우리는 습관 너머 습관으로 나아가는 베이스 습관을 먼저 익혀야 한다. 이 베이스 습관을 익히면 우리는 다음과 같은 것들을 얻을 수 있다.

1 뇌의 거짓말과 불편한 느낌은 언제라도 다시 찾아온다는 것을 받아들인다.

2 뇌의 거짓말에 따라 행동하지도 않지만 동시에 물리치려는 헛

된 시도도 하지 않는다.

③ '이것은 내가 아니고, 내 뇌에서 일어난 일일 뿐이야. 뇌의 특성상 생기는 것이고 삶을 살면서 생긴 상처야. 이것은 내게 해결해 달라고 보내는 내면의 신호야.'라는 관점을 확대해 준다.

우리가 알아본 것처럼 외부 자극에 의해 자동적으로 반응하면 내면대화가 계속 이어진다. 뇌의 거짓말 위에서 살아야 한다고 머리로 이해해도 이 폭포 같은 생각과 뇌의 속임수에서 빠져나오기란 쉽지 않다. 이럴 때 불을 끄는 베이스 습관 3단계를 이용하면 그런 흐름을 멈출 수 있다.

불을 끄는 베이스 습관의 핵심은 '꼬리표 붙이기'다. 습관적 내면대화가 일어나면 부정적인 생각이나 감정이 자꾸 더해지는데, 이 내면대화에 꼬리표를 붙이는 것이다. 의식적인 꼬리표를 붙이면 인식이 강화되고 자제력이 높아지는 효과를 얻을 수 있다. 예를 들어 어떤 생각이 들면 그 생각에 '거짓말' 또는 '속임수', '불편'이라고 명확하게 꼬리표를 붙인다.

UCLA 대학의 메튜 리버만 교수는 습관적 생각이나 감정에 꼬리표 붙이기를 하면 독특한 신경 구조가 나타나면서, 뇌에 브레이크를 밟는 효과가 있다고 말한다. 생각과 감정에 의식적으로 꼬리표를 붙이면 전두엽과 연결되기 때문이다. 전두엽은 우리가 흔히 말하는 의지력과 자제력의 근원이고, 습관의 뇌를 조정하는 중추다. 꼬리표는 이 영역을 활성화해서 습관의 회로가 계속 돌아가는 것에 스톱을 외치게 해 준다.

사실은 부정적인 내면대화 역시 무의식적으로 우리에게 '이것은 잘못이야.' '이러면 안 돼.' '어쩔 수 없어.'라고 일종의 꼬리표 붙이기를 한다. 이런 내면대화의 수법을 의식적으로 거꾸로 활용하는 것이다. 뇌의 특성을 이용하는 것이기에 당연히 효과적일 수밖에 없다.

꼬리표의 효과를 높이려면 자신만의 언어로 독특한 꼬리표를 붙이는 것이 좋다. 예를 들어 '이건 내가 아니야, 편도체의 거짓말일 뿐이야.'라고 하거나 '뇌의 신호야, 지나갈 거야.' '또 나온 재단하기' 등과 같이 재미있는 말을 붙이면 더 효과적이다.

꼬리표 붙이기와 비슷한 다른 방법으로 괄호법도 있다. 어떤 생각이나 느낌이 들면 그냥 있는 그대로 '내가 ○○○한 생각(느낌)이 드는구나.'라고 생각과 느낌을 규정하면 된다. '화가 나는구나.' '내가 억울하다는 생각을 하는구나.' 등으로 활용하면 된다. 물론 더 간단한 방법도 있다. 화가 난다면 그것이 지나갈 때까지 '화, 화, 화'라고 마음속으로 계속 되뇌는 것이다.

예를 들어 스케줄을 정리하기 위해 수첩을 폈다고 상상해 보자. 꽉 차 있는 일정을 보고 '여유로운 시간이 전혀 없다니…….'라는 생각이 들어 우울해질 수 있다. 이대로 평생 시간에 쫓기며

허무하게 살지도 모른다는 묘한 불안감도 연쇄적으로 일어날 수 있다. 또는 엉뚱하게도 나쁜 기억들이 계속 떠오를 수도 있다. 어제의 일 또는 상사나 부하직원의 잘못이 생각나면 더 힘들어진다. 이런 불안과 화가 솟아오를 때 그것을 누르면 오히려 문제가 커진다는 것은 앞서 여러 번 이야기했다.

이때 느낌의 흐름에 주의하고 알아차려 괄호에 감정을 넣어 보자. '나는 지금 (슬픈) 느낌이 드는구나.' 또는 '나는 지금 (화나는 생각이) 드는구나.'라고 꼬리표를 붙이자. 그리고 '화, 화, 화', 또는 '불안, 불안, 불안'이라고 읊조려 보는 것이다. 이렇게 말하다 보면 어느 순간 '아, 나의 불안이 스스로를 괴롭히고 있구나.'라는 생각이 들면서 감정을 객관적으로 볼 수 있다.

의식적인 꼬리표 붙이기를 통해서 더 확장되는 것을 막았다면, 이제는 부정적인 느낌이나 생각 등을 적으로 보지 않고, 싸우지 않는 과정을 더해 보자. 그냥 느끼고 변화하는 것을 그대로 따라가는 것이다. 이것을 '예씽(YES+ing)'이라고 부를 수 있다. 자꾸 변하는 내면대화의 모든 것에 그냥 'YES'를 하면서 '그렇구나.'라고 받아들이고 오직 관찰하는 것에 주의를 기울여 보는 것이다.

혜민 스님은 『멈추면 비로소 보이는 것들』에서 이렇게 말한다.

"내가 붙잡지 않고 가만히 내버려 두면, 그 마음 자기가 알아서 저절로 변합니다. 마당에 있는 나무 보듯, 강가에 앉아 흐르는 강물 바라보듯, 내 것이라는 생각이나 집착 없이 그냥 툭, 놓고 그 느낌을 그저 바라보세요."

예씽을 하면 어떻게 될까?

감정과 느낌 자체를 스스로 관찰하다 보면 미묘하게 그 감정이 계속 변해 가는 것도 확인할 수 있다. 이렇게 2~3분 동안 관찰하면 감정적 격정이 줄어드는데, 그 이유는 우리 몸의 신경전달물질이나 호르몬 때문이다. 감정적 반응을 할 때에는 우리 몸에서 호르몬과 신경전달물질이 분비되면서 감정을 경험한다. 이 물질은 가만히 놓아두면 몸에 재흡수되고 그러면 감정적 격정도 사그라든다. 불이 꺼지는 경험을 하게 된다.

이것을 알기 쉽게 정리하자면 다음과 같다.

1️⃣ **1단계 : 내면대화를 알아차린다.**
'X가 있다.'고 내면대화를 인식하고 싸움 스위치를 내린다. 호흡에 집중하면서 자신과 싸우지 않을 것이라고 되뇌면 도움이 된다.

2️⃣ **2단계 : 꼬리표 붙이기와 관찰하기**
자신의 생각과 감정을 있는 그대로 관찰하면서 받아들인다. 생각도 그대로 흐르게 두고, 느낌도 그대로 두도록 한다. 'ㅇㅇ라는 생각이 드는구나.' 'ㅇㅇ라는 느낌이 드는구나.' 하면서 꼬리표를 붙인다.

3️⃣ **3단계 : YES 하면서 감정을 있는 그대로 경험하기**
불편을 느끼더라도 내면대화가 어떻게 활동하는지 조용히 지켜본다. 막거나 없애려 하지 말고 허용한다. 같이 나타나는 이야기도 '그렇구나.' 하면서 있는 그대로 경험한다.

불을 끄는 베이스 습관을 실제 적용해 보면 불현듯 그런 불편을 통과하는 것이 쉬워지기도 한다. 불편이 줄어들면서 편안해지는 느낌이 들 수도 있다. 기존의 습관적 생각과 감정의 폭포를 멈춰서 생기는 이점이다.

그런데 많은 사람들이 이것을 머리로 이해하는 것으로 그친다. 새로운 습관이 되도록 직접 자주 적용해야 효과가 있다. 하루에 적어도 10번 이상 자신의 느낌과 생각에 꼬리표 붙이기 3단계를 적용해 보자. 이런 경험이 쌓이면서 자동화된 습관적 반응을 객관적으로 바라보는 시각이 점점 강해질 것이다. 그리고 이 책에서 알려 주는 다른 새로운 습관을 적용하는 능력도 키워 줄 것이다.

내면대화와 마음챙김

내면의 생각과 감정을 정확하게 인식하고, 과거의 기억이 만들어 놓은 내면대화에 이끌리지 않는 것을 '마음챙김(Mindfulness)'이라고 한다. 지금 이 순간을 경험하는 것이다.

우리가 보통 불안이나 두려움 또는 걱정을 하면서 자꾸 생각을 곱씹는 것을 '신경증적 주의'라고 한다면, 마음챙김은 '순수한 주의'라고 볼 수 있다. 핵심은 바로 '순간순간 알아차리는 것'이다. 현재를 생생하게 있는 그대로 의식하면서, 경험하는 것에 대해 판단하거나 거부하지 않고, 지금 경험하는 것 자체에 주의를 집중하는 것이다.

2부
습관 위에서 사는 5가지 방법

"진정한 성장을 위해서는 당신이 마음의 소리가 아님을,
당신은 그것을 듣는 자임을 깨닫는 것보다 더 중요한 것은 없다.
이것을 이해하지 못하면 당신은 목소리가 말하는 온갖 것 중에
어느 것이 당신 자신인지를 알아내려고 끙끙댈 것이다. (…)
이 목소리들 중, 자신의 인격 중에서, 어느 측면이
진정한 자신인지를 밝혀내려고 애를 쓴다.
그 대답은 간단하다. 어느 것도 아니다."

― 마이클 싱어

"모든 걱정, 불안, 두려움, 후회, 죄책감, 원망의 원동력은 같습니다.
바로 한 가지에 주의를 집중하지 못하고 메뚜기처럼 온갖 모순되고
무관계한 생각들로 옮겨 다니는 생존 본능의 습관적 반응
즉 마음입니다. 이것은 뇌의 기본적인 특성입니다. 그러나 동시에
뇌를 아주 비효율적으로 사용하는 방법이기도 합니다."

― 에크낫 이스워런

습관을 고치는 방법은 무수히 많다. 그 대안들은 각각 지향하는 지점이 다르다. 어떤 경우에는 단지 지금 당장 기분이나 의지를 바꾸는 것을 목표로 하기도 한다. 자신의 아픔을 분석하는 방법도 있다. 현재의 습관이 비효율적이며 도움이 안 된다는 인식을 높이는 방법도 있다.

각 대안은 추구하는 바에 따라 다른 제안을 한다. 그렇다면 이 책에서 말하는 '나쁜 습관은 없다.'는 주장의 핵심은 어떤 것일까? 나쁜 습관이 내가 아니라고 부인하거나 나쁜 것으로만 보지 않으면 어떻게 될까?

나쁜 습관을 과거의 내 삶이 만들어 놓은 자신만의 도전과제로 볼 수 있게 된다. 그리고 내면대화를 통해 그 위로 넘어갈 길을 발견하게 된다. 또한 단지 몇 가지 습관을 해결하는 게 아니라 약한 내면과 뇌의 거짓말을 넘어서기 때문에 다른 삶의 영역에서도 긍정적인 변화를 이끌 수 있게 된다. 이 과정에서 더 이상 방어하지 않아도 되는 내면의 힘을 발견하게 된다.

자신을 보호하고 방어하려는 습관적 내면대화는 '살면서 만들어진 연약한 해법들'일 뿐이다. 내면대화가 말하는 두려움, 걱정, 혼란, 안 될 것 같다는 의구심, 결핍들은 분명히 생존을 위한 낮은 차원의 대응이다. 내면대화의 목소리가 자신이 아니며, 그 목소리가 자신을 이끌고 갈 필요가 없음을 깨닫는 일은 삶에 더할 나위 없는 자유를 경험하게 해 준다.

너무나 당연한 질문을 하나 던져 보자. 왜 습관이 만드는 내면대화 '위'에서 살면서 '너머'로 가려는 것일까?

나쁜 습관이 만들어 내는 부정적 생각이나 느낌, 불편한 감정이 올라올 때마다 힘들어지기 때문이다. 그러므로 그 불편함을 통과하는 것이야말로 내가 원하는 삶을 위해 반드시 필요한 것이다. 불편을 통과할 때 진정한 너머가 점점 나에게 다가오게 된다. 앞으로 다룰 모든 새로운 습관은 오직 이 불편을 통과하기 위한 방법이다.

불편을 통과하는 새로운 습관이 익숙해지면 불편한 감정을 대할 때마다, 내가 어떤 생각을 하기 때문에 그런지 돌아보게 된다. 결국 불편이 만들어 내는 내면대화가 오히려 자신이 넘어야 할 지점이 무엇인지를 가르쳐 주는 최고의 신호가 된다. 내가 어쩔 수 없이 받아들인 그 모든 습관적 반응들은 이제 내가 직면하고 안아 주고 해결해야 할 과제다. 이것이 우리가 받아들여야 할 진화라고 할 수 있다.

불편을 통과하는 새로운 습관을 한마디로 요약하면 '습관 너머 습관'이라고 할 수 있다. 과거의 습관이 만들어 놓은 불편 너머로 가기 위해 새로운 습관을 적용하는 것을 쉽게 한마디로 정리한 것이 습관 너머 습관이다.(Habit Over Habit, 줄여서 '습넘습' 또는 'HOH')

'습관 너머 습관'은 1) 습관임을 알아차리는 것 2) 전환의 길을 선택해 너머로 갈 수 있도록 내면대화의 언어를 다루는 것 3) 새로운 습관에 주의를 집중하는 것이라고 할 수 있다.

이 3가지 기본 과정은 생각 언어나, 감정 언어, 신체 언어를 다룰 때에도 똑같이 적용된다.

습관이 만드는 내면대화 '위'에서 산다면 우리는 어떤 삶을 살아가게 될까? 이것을 잘 표현해 주는 우화가 하나 있다. 우물에 빠진 당나귀 우화다.

어느 날 당나귀가 빈 우물에 빠졌다. 당나귀의 주인인 농부는 슬프게 울부짖는 당나귀를 구할 방법이 도저히 생각나지 않았다. 게다가 당나귀도 늙었고, 쓸모없는 우물도 파묻으려고 했던 터라, 농부는 단념하고 동네 사람들에게 도움을 청했다. 동네 사람들은 우물을 파묻기 위해 제각기 삽을 가져와서 흙을 파 우물을 메워 나갔다. 쏟아지는 흙더미 때문인지 당나귀 울음은 아주 커졌다. 그런데 조금 지나자 웬일인지 당나귀가 울음을 그치고 잠잠해졌다. 동네 사람들이 궁금해 우물 속을 들여다보니, 놀라운 광경이 벌어지고 있었다. 당나귀는 위에서 떨어지는 그 흙더미를 타고 점점 높이 올라오고 있었던 것이다. 그렇게 해서 당나귀는 자기를 묻으려는 흙을 이용해 무사히 그 우물에서 빠져나올 수 있었다.

우물을 벗어나기 위해서는 자신을 향해 던지는 흙을 밟고 올라가야 한다. 두려움으로 움츠리거나, 우물쭈물하면 흙에 묻혀 버린다. 아등바등해도 마찬가지다. 쏟아지는 흙을 하나씩 차곡차곡 밟고 그 위에 올라가야 한다. 그렇게 하려면 싸움을 그쳐야 한다. 나를 살리는 발판으로 활용하기 위해서는 내면대화 '위'로 올라가야 한다.

뇌의 거짓말과 속임수를 제대로 알고 그 내면대화를 오히려 역이용해서 자신의 욕구를 알아내고, 소망한 것을 깨닫게 해 주는 목소리로 활용할 방법을 익혀야 한다.

<u>3장</u> HOH 1 = 불편을 피하지 않고 이용하기

통쾌(痛快)는 아플 통(痛)과 쾌할 쾌(快)로 구성되어 있다.
아픈 다음 쾌감이 온다는 말이다.
진짜 짜릿함은 큰 고통´뒤에 오는 것이다.
큰 아픔 뒤에 오는 쾌감이 통쾌이다.
— 한근태

지난 한 달간의 삶을 돌아보면서 다음 질문에 대답해 보자. 당신은 다음 중 어디에 가까운가?

1) 불편감(또는 스트레스)은 해롭고 고통스러운 것이기에 반드시 피하고
   줄여야 한다.
2) 불편감(또는 스트레스)은 유용하기에 수용하고 활용해야 한다.

많은 사람들이 1번에 가깝다고 말할 것이다. 물론 이 책을 읽으면서 이제는 2번이 되어야 한다고 생각할 수도 있다. 불편함을 편하게 받아들이고, 뇌의 거짓말을 통과하는 것이 더 나은 삶을 위해 우리가 익혀야 할 중요한 새로운 습관이다. 그러나 불편함이 주는 과잉반응을 넘어서는 것은 쉬운 일이 아니다. 또한 불편감

을 수용해야 한다고 머리로는 이해하지만, 막상 어떻게 적용해야 할지 막막하기도 할 것이다.

스트레스가 우리 삶에 부정적인 영향을 준다는 것은 모두 잘 알고 있는 사실이다. 스트레스가 주는 문제점을 알려 주는 자료를 보다 보면 스트레스를 줄이거나 받지 않기 위해 노력하고 싶어진다.

그런데 최근에는 과학자들이 스트레스를 받지 않기 위해 노력하라는 조언을 하지 않는다. 이 조언은 잘못된 조언이기 때문이다. 스트레스를 받지 않기 위해 노력하지 말라는 것이 어떤 의미일까?

스트레스의 중대한 전환점

『스트레스의 힘』의 저자인 켈리 맥고니걸 교수는 미국 성인 3만 명을 대상으로 8년간 시행된 연구에서 스트레스를 받은 정도가 아니라 그것을 어떻게 생각하는가에 따라서 전혀 다른 결과를 보인다는 사실을 발견했다. 즉 스트레스 때문에 힘들어하거나 문제가 생기거나 사망률이 높은 사람들은 오직 '스트레스가 건강에 해롭다고 대답한 사람들'이었고, 반대로 스트레스를 많이 받았지만 '스트레스가 해롭지 않다고 생각한 사람들'은 그 반대였다는 것이다.

이것은 스트레스 자체가 아니라, 스트레스가 해롭다는 믿음이 더 나쁜 결과를 유도했다는 것을 알려 준다. 교수는 이 연구 결과에 충격을 받고 스트레스를 새로운 각도로 바라보게 되었다. 불편이나 불안 또는 스트레스로 나타나는 신체 반응이 '부정적인 것이 아니란 점'을 발견한 것이다. 사람들은 일반적으로 심장이 두근거리고 호흡이 빨라지며 땀이 나는 등 신체 반응을 느끼면 부정적 신호라고 받아들인다. 그러나 또 다른 진실이 있다. 실제로는 문제 상황을 잘 해결하기 위해서 몸이 준비하는 긍정적인 상태란 측면도 있다는 것이다.

스트레스를 받으면 우리는 오직 그 문제에 집중하게 된다. 이런 현상이 부정적이기도 하지만 긍정적인 면도 많다. 일단 문제를 해결하기 위해서는 다른 딴생각을 차단하는 것이 더 효과적이기 때문이다. 또한 스트레스를 받으면 호흡이 빨라지고 몸이 긴장하게 되는데, 이것은 우리 에너지를 한 곳에 모아 몸이 행동을 더 잘할 수 있게 준비시키는 것이다. 실제 연구 결과를 보면 심장박동이 빨라져 산소와 에너지가 근육과 뇌로 잘 전달되고, 스트레스 호르몬은 근육과 뇌가 에너지를 더 효율적으로 사용하도록 만들어 준다고 한다.

정리하자면 스트레스를 받을 때 평소보다 강한 에너지가 발생

되는데, 이 에너지는 행동을 취하거나 더 집중하게 만들어 스트레스 상황을 넘어서게 도와준다는 것이다. 이처럼 스트레스는 긍정적 해결을 위한 반응을 유도한다. 위기감을 느낄 때 우리는 더욱 집중한다. 이 집중을 제대로 활용할 경우 적절한 해결 방법을 찾게 된다는 것도 분명한 사실이다.

결국 스트레스 반응은 '스스로 중요하다고 여긴 것에 집중하라.'는 신호이고, 문제를 해결하기 위해 에너지를 집중하게 해 주는 생리적 현상이다. 단지 스트레스를 줄이기 위해 즐거움을 추구하거나 나쁜 습관으로 향하는 쪽으로 갈지, 아니면 반대로 스트레스가 주는 에너지를 이용해서 그것을 해결하는 쪽으로 갈지 선택하는 것에서 차이가 있을 뿐이다.

다른 방향으로 나뉘는 중요한 요소가 앞서 말한 2가지 질문이다. 당신이 스트레스에 관해 어떤 믿음 또는 관점을 가지는가에 따라 전혀 다른 길을 선택하게 된다. 불편함을 만드는 스트레스를 부정적으로 보고 위협으로 반응하는지, 아니면 반대로 자신이 중요하게 여기는 것이기에 나타나는 당연한 증상이라고 여기고 수용할지가 다를 뿐이다.

다른 사고방식이 만들어 주는 차이를 다시 한번 살펴보도록 하자.

사고방식 1 = 스트레스는 건강과 활력을 고갈시키며 몸에 해롭다.
　　　　　　또한 학습과 성장을 저해하고,
　　　　　　업무나 학업 능력을 약화시킨다.
　　　　　　스트레스는 부정적이기에 반드시 피해야 한다.

사고방식 2 = 내가 중요한 일이라고 여긴 일에 대해 스트레스를 받는 것은
　　　　　　자연스러운 현상이다.
　　　　　　스트레스는 내가 풀어야 할 과제를 알려 주고, 내 힘을 모아
　　　　　　주는 역할을 한다.
　　　　　　스트레스 반응은 에너지를 집중하게 해서 학습에 긍정적인
　　　　　　영향을 주고 활력으로 연결될 수 있다. 스트레스 반응은 긍정
　　　　　　적이기에 반드시 활용해야 한다.

　1번은 불편함을 나쁜 것으로, 적으로, 위협반응으로 받아들인 것이다. 이럴 경우 해결법은 당연히 나쁜 것을 없애는 쪽이 된다. 스트레스 원인을 해결하는 대신 그것으로부터 주의를 돌리려고 노력하게 된다. 스트레스를 받아서 생긴 감정을 해결하는 것이 중요하기에 즐거움을 통해서 해소하고 싶어진다. 이런 불편한 감정에서 벗어나기 위해 쾌락으로 눈을 돌린다. 스트레스를 불러일으키는 관계나 역할 또는 목표가 무엇이든 거기에 쏟던 에너지와 관심을 거둬들인다. 거둬들인 에너지는 스트레스를 푸는 쪽으로 사용된다.

그러나 2번이 되면 달라진다. 뭔가 사건이 일어났고 그것이 나에게 중요한 것이기에 스트레스를 경험한다고 받아들인다. 그리고 스스로 왜 불편함을 느꼈는지 원인을 찾기 위해 사건을 다시 들여다보게 된다. 그리고 정보나 충고 등의 도움을 얻거나, 자신의 부정적 생각을 확인해 보게 된다. 결국 스트레스의 근원을 극복하거나 제거하거나 변화시키기 위해 조치를 취하게 된다.

이러한 사고의 차이는 서로 다른 대응 방법으로 나아가게 한다. 피하려고 하는 쪽은 점점 탓하기와 자기 한계를 만드는 쪽으로 간다. 이와 반대로 정면으로 맞서면 불편이나 스트레스 상황에 대처하는 새로운 습관이 생기면서 점점 자신감이 쌓이게 된다. 통제하기 어려운 상황을 성장의 기회로 전환시키는 것이다.

피하는 것에서 이용하는 것으로

힘겨운 때야말로
늘 달아나는 식의 쉬운 방편을 택하지 말고
가만히 앉아 고통을 직면하고
그것을 제대로 이해하기 더 없이 좋은 기회로 만들자.
— 아잠 브란

나쁜 습관은 불편을 위협으로 느끼면서 시작된다. 조금이라도 불편감을 주는 것이라면 무엇이라도 나의 건강과 행복을 위협하는 요소로 보면서 그런 생각, 감정, 행동을 너무나 당연하고 정상적인 것이라고 느끼게 된다.

우리가 받아들인 불안이 표준이고, 화내는 것이 표준이고, 불편을 자주 경험하는 것이 표준이고, 중독을 활용해서 자극을 느끼는 것이 표준이라고 믿고 따르는 삶의 방식에서 벗어나야 한다. 이런 잘못된 믿음이 심심할 때, 운전할 때, 우울할 때, 가만히 있을 때 불현듯 나를 엉뚱한 방향으로 이끌기 때문이다. 여기에서 벗어나려면 이제 이런 증상을 느낄 때마다 도전과제로 받아들이고, 그 에너지를 이용해야 한다.

나쁜 습관이란 우리가 어릴 때의 경험, 힘들었던 상황에서 자신도 모르게 불편함에서 벗어나려고 하면서 만들어진 것이다. 스스로 불편함에 대해 위협으로 여기고 반응하면서 만들어진 것이다. 이렇게 오래 반복적으로 쌓아 온 이 반응을 제대로 바꾸는 것이 우리에게 주어진 삶의 과제다. 오랫동안 쌓아 온 것을 풀기 위해 하나씩 도전과제로 받아들이는 것은 삶의 방향을 극적으로 전환시켜 준다.

피하는 것에서 이용하는 것으로 새로운 습관을 들이면 얻게 되는 3가지 이점이 있다.

① **불편이나 스트레스 반응이야말로 우리가 어디에 걸려 넘어지는지를 보여 주는 가장 신뢰할 수 있는 지표다.**

불편이나 스트레스는 내가 넘어서야 할 지점을 보여 준다. 그 불편 안에는 내가 잘못 받아들인 믿음, 생각과 감정 습관들이 들어 있다. 자신의 삶을 온전히 경험하는 것을 방해하는 것들이다. 이것들을 이용하면 기존의 습관을 넘어설 수 있다.

또한 불편을 이용하는 관점은 책임지는 삶을 살게 도와준다. 내 잘못은 아닐지라도 이미 그렇게 만들어진 자신의 한계를 넘어설 수 있어야 한다.

② **스트레스를 피하기 위해 쏟아붓는 엄청난 에너지 낭비에서 벗어날 수 있다.**

불편이나 스트레스를 느끼지 않는 삶이란 불가능하다. 그러니 그것을 도전과제로 받아들이고 그 위로 올라가야 한다. 이렇게 되면 문제를 해결하는 쪽으로 우리의 소중한 정신적 에너지를 사용하기에 탈진이 줄어든다.

③ **전환은 심리뿐만 아니라, 몸에도 긍정적인 변화를 이끌어 낸다.**

스트레스를 적으로 여기지 않으면 몸도 똑같이 반응한다. 스트레스로 인한 해로운 영향이 줄어든다. 게다가 더 집중하고, 더 열심히 살게 해 주는 동기를 얻을 수 있다.

큰일을 하려면 심리적 에너지가 많이 필요하다. 그런데 앞서 얘

기했듯이 인간의 뇌는 긍정적 반응보다 부정적 반응이 3배 이상 강하다고 한다. 이처럼 우리에게는 부정적 에너지가 더 많은 것이 사실이다. 하지만 부정적인 에너지를 이용하겠다고 선택하면 이 3배나 큰 에너지를 활용해 힘을 더하게 된다.

켈리 맥고니걸 교수는 스트레스에 대한 연구 결과를 이렇게 요약한다.

"여러분은 불안감이 에너지를 고갈시키는 원흉이라고 생각하는가, 에너지의 원천이라고 생각하는가? 긴장감을 느끼면 자신이 압박감을 제대로 다루지 못하고 있다는 신호로 해석하는가, 아니면 신체와 뇌가 준비를 하고 있다는 신호로 받아들이는가? 불안감을 흥분되는 일, 에너지, 또는 동기부여로 여긴다면 여러분의 잠재력을 충분히 발휘하는 데 도움이 된다."

자신이 스트레스 반응을 보인다면, 이 불을 끄기 위해 꼬리표 붙이기를 하면서 스스로에게 이렇게 말하자.

"불편한 느낌은 좋은 증상이야. '이제 더 나은 삶을 위해 고통스러운 삶을 넘어서라.'고 에너지를 집중해 주는 거야. 나는 지금 꼬이고 꼬인 그 실타래를 푸는 데 집중해야 해!"

목표에서 멀어져도, 가치관에 위협을 받아도, 용기가 필요한 순간에도 몸은 똑같이 스트레스 반응을 보인다. 도움을 주기 위해 만들어진 이 생리적 도구를 누군가는 생존본능으로만 활용하지만, 또 다른 누군가는 배움에, 더 집중하는 것에, 나의 안전지대를 넓히는 것에, 불편한 관계를 해결하는 것에 사용한다는 점이 다를 뿐이다.

여러분은 어느 쪽을 선택하고 싶은가? 불편을 느낀다고 알아차 릴 때마다 자신에게 지금 무엇이 가장 필요한지 물어보자. 불편이 나 스트레스로 위협반응이 일어날 때마다 감정적 격정이 줄어들 도록 호흡을 하면서 도전반응으로 이용해야 한다.

스스로에게 물어보자. '싸우고 싶은가? 도망가고 싶은가? 뭔가 를 시작하고 싶은가?'

관점을 바꾸는 새로운 습관을 익힌다고 해서 당장 내가 느끼 는 감각이 달라지는 것은 아니다. 불편은 그대로 남아 있을 수 있 다. 그렇다고 해도 계속 불편을 느낀다는 것 때문에 항복하지 말 자. 습관의 뇌가 불편을 통해 나를 시험한다고 생각하자.

일상에서 너무 쉽게 스트레스를 받는다면

혹시 마트에서 줄 서기, 일정에 맞추기 위한 업무, 휴일을 보내기 위해 계획을 세우는 일 등에서 화를 끓이고 스트레스를 느낀다면, 스트레스를 나쁘게 바라보는 사고방식이 삶의 여러 영역에 퍼져 버린 것은 아닌지 돌아봐야 한다. 스트레스를 없애려는 사고방식 때문에 조금이라도 불편을 느끼는 대부분의 일상적인 일에 위협반응을 보이는 게 아닌지 말이다.

일상적인 것들을 힘든 일로 받아들이는 삶은 너무나 많은 위협을 만들어 놓은 안타까운 삶이다. 이 때문에 더 큰 쾌락이나 자극을 필요로 하게 되어 버린다. 그리고 스스로 선택한 고통스러운 삶을 어쩔 수 없는 것으로 받아들이게 된다.

이처럼 조금이라도 불편감을 주는 것이라면 무엇이라도 나의 건강과 행복을 위협하는 요소로 본다는 것은 정말 무서운 일이다. 스트레스가 전혀 없는 삶을 바란다면 스트레스 있는 삶은 모두 문제처럼 보일 것이기 때문이다.

불편을 바꾸는 3단계

언젠가는 목표로 통할 거라며 목표만 보고 발걸음을 옮기는
것으로는 부족하다. 한 걸음 한 걸음이 목표이며,
한 걸음 그 자체가 가치 있어야 한다.
　　— 요한 볼프강 폰 괴테

불편이나 스트레스에 능숙해진다는 것은 역경이 없어진다는
것이 아니다. 역경에 동요되지 않고 어려움에서 냉정을 지킨다는
뜻도 아니다. 그것은 바로 상황을 자신의 기술이나 장점을 개선할
기회로 보고 에너지 사용 방향을 변화시키는 것이다.
　3단계로 나눠서 이 새로운 습관의 적용 방법을 알아보자.

① **1단계 : 불편이나 스트레스를 경험할 때 이를 받아들이고 없애
려 하지 않는다.**
싸우지 않고 그 위로 올라가는 것은 불편을 도전으로 받아들이는
것에서부터 시작한다. 먼저 싸우지 않고 느낌을 그대로 놓아 둬야
한다. 이것은 습관적인 받아들임이 아닌 의식적인 받아들임이다. 꼬
리표 붙이기와 호흡에 집중하면 도움이 된다. 불편이나 스트레스로
인해 어떤 신체적 증상을 느끼는지 있는 그대로 의식한다.

② **2단계 : 불편이나 스트레스를 자신이 관심을 두는 문제에 대한 반**

응이라고 이해하고 이 불편을 넘어서면 어떤 이점이 있는지 확인한다.

불편이나 고통은 내가 의미를 두었기 때문에 생기는 것이므로, 그 의미가 무엇인지 스스로 살펴보는 시간을 가진다. 스스로 동기 부여 하는 말을 활용하기 위해 2가지 질문을 활용해 보자.

첫째, 이것을 넘어서면 나에게 어떤 도움이 되는가? 구체적으로 어떤 장점이 생기고, 그 결과 나의 자존감이 높아지고, 다른 사람들에게 어떤 모습으로 보일지 충분히 그려 보자.

둘째, 소중한 가족이나 나의 일에는 어떤 도움이 되는가? 가족들에게 어떤 대우를 받고, 자녀들에게 어떤 혜택이 돌아갈지 구체적으로 그려 보도록 하자.

이 질문들을 명확하게 하고, 글로 작성해 봐도 좋다. 이 과정에서 불편이나 스트레스를 넘어서고자 하는 긍정적인 동기를 얻을 수 있다. 마지막으로 도전과제임을 명확하게 하기 위해 '이 문제는 중요해.' 라고 스스로에게 말을 걸면서 앞서 찾아본 중요한 이유들을 떠올리고, 그것을 기꺼이 받아들이도록 하자.

③ **3단계 : 불편이나 스트레스를 조절하는 대신, 그 에너지를 활용한다.**

긴장감이나 불안감의 또 다른 면인 집중과 에너지를 활용하도록 끌어올린다. 에너지를 오히려 그 문제를 해결하는 쪽으로 활용하기 위해 스스로 "불편이나 스트레스 반응은 도움을 주기 위해 고안된 생리적 상태."라고 여러 번 말해 보자. 억지로 마음을 가라앉혀야 한다고 걱정하는 것이 아니라, 그 긴장감을 받아들이고 우리 몸이 에너지를 집중해 준다고 생각하자.

스트레스와 불안감이 사라질 때까지 기다릴 필요는 없다. 스트레스는 여기서 멈추고 포기하라는 신호가 아니다. 흥분의 방향을 바꿔 보도록 하자. 그리고 이 과정을 거치면서 점점 자신감이 향상될 것이라는 사실도 떠올려 보자. 스트레스로 생기는 에너지와 정신력 및 추진력으로 내가 무엇에 더 집중할 것인지를 선택하자.

새로운 습관이 낯설더라도 점점 자연스러워지는 과정을 거쳐야만 내 것이 된다. 하나의 주제를 정해 하루에 한 번 이상 이를 실천하자.

이렇게 3주 정도가 지난 뒤에는 불편을 신호로 보는 자연스러운 관점이 강해질 것이다. 삶에서 느끼는 부정적인 느낌이 줄어들고, 기분이 좋아진다. 이전에는 불편이나 스트레스라고 느끼면 곧바로 무기력해지거나 자신의 상태가 부정적으로 느껴졌었다면(감정 습관의 모드가 낮은 상태) 이제는 점점 행복 수준을 높여 가는 자신을 발견하게 될 것이다.

이 과정을 하나씩 성공해 나간다면, 그 성공의 경험이 선순환되면서 여러분의 대처 능력은 점점 좋아질 것이다. 자존감도 높아질 것이다.

4장 HOH 2 = 습관의 뇌 훈련법

두려움은 결코 사라지지 않는다는 것을 알아 두자.
두려움을 감정의 오케스트라 속의 시끄러운 튜바라고 생각하고,
볼륨을 낮추도록 편도체를 훈련시켜 보자.
— 스리니바산 S. 필레이

불편 '너머'에 진정으로 원하는 삶이 있다는 것을 알면서도 우리는 불편에 항복한다. 불편한 느낌과 그 불편이 만들어 내는 두려움과 불안함, 내면대화를 그냥 따르면서 사는 것이다. 무의식적으로 떠오른 불편과 위협, 머릿속 생각에 끌려가다가 삶을 놓쳐 버리고 만다.

왜 이렇게 안타까운 일이 벌어지는 것일까? 그것은 우리 뇌에 부정 편향이 깊이 각인되어 있기 때문이다.

중요성과 과잉반응

왜 우리는 걱정을 더 많이 하고, 충동을 더 쉽게 따를까? 뇌가 걱정과 충동, 부정적인 것, 기존의 습관을 더 중요하게 받아들이고, 그것들에 과잉반응을 보이기 때문이다. 그러므로 '뇌의 습관'이라 할 수 있는 중요성과 과잉반응을 조정할 필요가 있다. '중요성'과 '과잉반응'에 새로운 균형을 맞춰 주는 것이다.

이 새로운 균형에 직접적으로 도움을 줄 수 있는 방법, 즉 습관 영역의 뇌에 직접적으로 새로운 회로를 심는 방법을 알아보자.

『편안함의 배신』의 저자인 마크 쉔 박사는 이 회로를 재훈련하고 균형을 맞출 수 있다고 말하면서, 정신적 건강을 이렇게 정의한다. 정서적 건강은 고통이 없는 상태가 아니라, 불편함에 직면해서도 편안과 안전을 찾을 수 있는 상태라는 것이다. 건강함이란 긍정적인 상태만을 바라는 것이 아니라, 불편함 속에서도 진정으로 원하는 그것에 집중하는 것이기 때문이다.

뇌는 고정되어 있지 않고 변화하는데, 이것을 '뇌의 가소성(plasticity)'이라고 한다. 뇌가 밀가루 반죽이나 플라스틱처럼 말랑말랑해져 원하는 모습으로 변형된다는 것이다. 뇌의 신경회로는 외부의 자극이나 경험, 학습에 의해 구조가 기능적으로 변화하고 재조직되기 때문이다. 이처럼 뇌는 체계적이고 반복적인 자극을 받으면 변화되는데, 이런 특성을 이용해서 새로운 습관을 익힐 수 있다. 이 과정에서 자주 사용하는 연결고리는 강화되고, 사용하지 않는 연결고리는 약해진다.

새로운 습관을 들이는 것이 나쁜 습관 없애기보다 더 나은 이유도 마찬가지다. 뇌의 가소성 원리를 이용해서 습관인 부정적인 것의 중요성과 과잉반응을 줄일 수 있다면 나쁜 습관이 주는 내면대화를 훨씬 쉽게 다룰 수 있기 때문이다.

뇌의 습관 회로를 조정하는 2가지 좋은 방법이 있다. 첫째는 불편함을 조정하는 '부정 우선의 뇌 조정법'이고 두 번째는 과잉반응을 조정하는 '변연계 훈련법'이다.

부정 우선의 뇌 조정법

우리가 일상에서 자주 경험하는 중요성 편향 중 하나는 부정적인 것을 더 부여 잡고 있는 경향이다. 분명 주변에는 감사할 만한 일이나 긍정적인 느낌을 받을 만한 일들도 많다. 그런데 우리는 하루가 끝날 때면 좋은 기억보다는 나쁜 기억을 붙잡고 있는 경우가 훨씬 많다.

우리는 나쁜 일에 대해서는 곱씹고, 탓하고, 확대하고, 화를 내는 식으로 강화한다. 이런 반복 속에서 우리 뇌의 부정 편향을 더 강화하게 한다. 뇌의 부정적 편향 때문에 우리는 평소에 불안을 느끼면서 그것을 늘 배경으로 해서 살아가고 있다.

우리는 행복 수준을 높이고 싶어 한다. 행복 수준이 달라지면 어떤 차이가 날까? 위스콘신 대학의 리처드 J. 데이비드슨 교수는 우울증을 가진 사람과 긍정적인 정서를 가진 사람들을 대상으로 흥미 있는 실험을 진행했다. 실험 대상자에게 똑같이 기분이 좋아질 만한 사진을 보여 주었다. 아기를 바라보며 행복한 미소를 보내는 엄마의 모습, 타인의 어려움을 도와주는 모습, 즐겁게 춤추는 모습, 어린아이들이 신나게 노는 모습 등이 담긴 것들이었다. 이런 사진을 보여 주면 누구라도 즐거움을 느끼게 된다. 당연히 두 집단 모두 즐거움을 담당하는 뇌 영역이 활성화되었다.

그런데 이 두 집단의 차이점이 하나 있었다. 바로 지속시간이었다. 평소 긍정적인 정서를 보인 쪽은 즐거움으로 활성화된 뇌가 그 활성을 오래 유지했다. 사람에 따라서는 한 시간 가까이나 유지된 경우도 있었다. 그런데 이와 반대로 우울증 그룹은 얼마나 활성화를 유지했을까? 놀랍게도 단지 몇 분 동안 활성화 정도가 유지되었다고 한다.

앞에서 우리는 익숙한 감정으로 돌아오려고 하는 것이 뇌의 원리라는 사실을 알아보았다. 위 실험에서 나타난 지속 시간의 엄청난 차이를 볼 때, 부정적인 사람과 긍정적인 사람의 하루는 그 감정의 색채가 우리가 흔히 생각하는 것보다 현격하게 다를 것이다. 또한 이 연구 결과는 불행다하는 느낌이 단지 부정적인 편향을 가진 뇌의 특성이라고 볼 것이 아니라, 행복을 위해서 반드시 교정해야 할 부분이란 사실을 확인하게 해 준다.

당신이 경험하는 것이 다른 사람에게도 그럴 것이라고 예상하지만, 실제로는 전혀 그렇지 않다. 자신의 감정 습관 때문에 불행하게 사는 게 아닌지 스스로 돌아봐야 한다.

예를 들어 출근하면서 상사에게 인사를 했는데, 어떤 이유로 화답을 받지 못했다고 해 보자. 부정성이 강한 뇌는 자신이 무엇을 잘못한 것은 아닌지, 어제 보낸 보고서가 문제인지, 내가 모르는 다른 일이 생긴 것인지 또는 상사가 나를 미워한다고 하면서 또 다른 걱정을 끌고 올 수 있다. 반면에 어떤 사람은 바빠서 또는 몰랐다고 하면서 그냥 별일이 아닌 것으로 여겨 아무런 문제도 없는 평범한 사건으로 마무리 된다.

이처럼 부정에 과잉반응하는 뇌를 의식적으로 재교정하는 것은 대단히 중요한 일이다. 차이가 난다는 수준으로 받아들이지 말아야 한다. 교정이 꼭 필요한 것임을 스스로 인정해야 한다.

이런 작업을 '마음 기울이기'라고 이해할 수 있다. 마음은 이미 기울어져 있다. 기울어진 정도 때문에 산비탈처럼 올라가기 어렵거나 그냥 굴러 떨어지기도 한다. 우리 뇌는 부정적인 것에 기울어져 있어서 생각과 감정은 기울어진 방향으로 흘러가기 마련이다. 그렇다면 마음을 반대로 기울여 교정할 수 있을 것이다.

이때 중요한 것은 머리로 하는 생각이 아니라, 느낌을 느끼는 '시간'과 '강도'다. 부정적인 판단을 주관하는 뇌의 중추는 편도체인데, 여기는 언어나 이해가 아니라 느낌에 의해서만 자극을 받기 때문이다. 편도체는 오직 느낌만 기억하고, 느낌만이 각인을 바꾸고, 중요성을 조정시켜 준다. 이 느낌의 '시간'과 '반복'이 중요하다.

뇌의 부정적 편향을 교정하려면 의도적으로 긍정적인 것을 찾고, 그것을 느끼고, 오래 느낌을 유지하는 3단계가 중요하다. 그런데 이 단계들은 결국 우리가 부정적인 것을 빨리 찾아내고, 부정적인 것을 오래 느끼는 습관을 거꾸로 이용하는 것과 같다. 분명히 '긍정의 느낌을 의식적으로 도입'하는 것은 단지 긍정적인 것이 아니라 균형을 위해 중요한 작업이라는 점을 명심하자.

이런 긍정적인 경험이 뇌를 바꾸려면 자주, 10초~20초 동안 줄곧 마음을 그 경험에 머물도록 해야 한다고 한다. 뇌 가소성 분야의 선구자인 릭 핸슨 박사는 『행복 뇌 접속』이란 책에서 이 과정을 HEAL로 제시한다.

1. 긍정적인 경험을 취한다. (Have a positive experience)
2. 긍정적 경험을 풍요롭게 한다. (Enrich it)
3. 긍정적 경험을 흡수한다. (Absorb it)
4. 긍정적인 것과 부정적인 것을 연결하여 긍정적인 것이 부정적인 것을 흡수하고 이를 대체한다. (Link positive and negative material so that positive soothes and even replace negative)

이 4단계를 단순히 '긍정적인 생각을 하라는 것이구나.'라고 받아들이는 우를 범하지 말자. 긍정적인 생각이 아니라 느낌이 중요하다. 실제 적용하는 과정에서는 여러 가지를 더 신경 써야 한다.

첫째는 충분히 느끼는 것이다. 둘째는 최소한 10초 이상 오직 그 느낌에만 온전히 집중하는 것이다. 셋째는 아침저녁으로 최소한 하루에 6번 이상 시행하는 것이다.

이 3가지가 중요한 이유는 뇌에 중요성을 바꾸기 위해 꼭 필요한 조건이기 때문이다. 의식적인 새로운 선택이란 점도 기억하자. 좋은 것을 의식적으로 선택하는 것 자체가 새로운 습관이다. 처음에는 어색하고 오히려 또 다른 불편함을 느낄 수도 있다. 의식적으로 새로운 습관을 들이는 과정에서 당연히 경험하게 되는 불편함이다. 그렇지만 부정적인 뇌에 균형을 맞추는 새로운 습관이란 사실을 기억하고 즐겁게 도전해 보도록 하자.

HEAL의 앞부분 3단계를 먼저 요약하자면 다음과 같다. 지문을 읽고 직접 적용해 보기 바란다. 마지막 4단계는 이어지는 변연계 훈련법을 통해서 알아볼 것이다.

① **1단계 : 긍정적인 경험을 취한다.**
감사한 일, 즐거운 일, 성취한 일, 친구와의 관계, 가족과의 추억 등 어떤 것이든 좋다. 긍정적인 경험을 떠올리고 그것만 의식하고 느끼면 된다. 기억이나 즐거운 생각들을 정서적으로 '가치 있었다는 느

낌'으로 전환한다. 단지 긍정적인 생각에 머물러선 안 된다. 긍정적인 느낌으로 느끼는 것에 집중해 보자.

② 2단계 : 긍정적 경험을 풍요롭게 한다.

이 단계가 중요하다. 긍정적인 경험에 불이 붙듯이 풍부하게 만든다. 10초 정도 온전히 그 긍정적인 경험에 머물면서 느낌에 마음을 열고, 몸에서 그 즐거움을 느끼도록 허락해 보자. 여기서 중심은 허락 또는 허용이다.

단지 허락하는 일에도 어려움을 겪을 수 있다. 의식하지 못한 사이 '나는 이 정도까지만 행복해야 한다.'는 식으로 이미 한계를 정해 놓은 경우도 많다. 긍정적인 것이 마음을 채우도록 더 허락하고 허용하자. 긍정적인 느낌에 불이 붙어서 더 활활 타도록 스스로 격려하자. 경험들을 세부적으로 나눠 보면서 나에게 어떤 이익이 있고, 어떤 점에서 유익한지, 향후 어떤 것들에 좋은 영향을 줄지 하나하나 온전히 느껴 보자.

나쁜 습관이 이런저런 기억과 생각과 느낌을 끌고 오는 것과 같이, 이제 긍정적인 것에 상상력을 발휘해서 확장해 보자.

③ 3단계 : 긍정적 경험을 흡수한다.

좋은 느낌과 경험이 자신에게 흡수된다고 상상한다. 소금이 물에 녹아드는 것처럼, 아주 밝은 행복의 열기가 점점 온몸과 뇌를 감싸 안으면서 확장해 나간다고 상상해 보자. 긍정적 경험 자체가 마음에 뿌리를 내린다거나, 긍정적인 경험이 마음의 보물 상자에 금빛 가루

와 빛으로 스며든다고 해도 좋다.

긍정적인 경험을 아주 소중하게 가슴에 간직하는 것이다. 느낌의 뇌를 교정하는 일을 의식하며 이 과정을 편안하게 수행해 보자.

　부정적인 것을 우선하는 뇌의 특성을 교정하는 간단한 방법도 있다. 어떤 행동을 하더라도 처음 1분 동안 기쁨을 찾아내고 그것을 느끼는 데 집중해 보는 것이다. 예를 들어 점심을 먹으면서 1분 동안 기쁨을 찾아본다. 천천히 음미하면서 1분간 오직 맛에만 집중해서 느껴 본다. 또는 아침에 샤워하면서 1분간 기쁨을 찾아본다. 따뜻하거나 시원한 물이 닿은 기쁨을 1분간 충분히 느껴 본다. 오늘 사랑하는 사람과 같이 있을 때도 이 기쁨에 온전히 1분간 집중해 보자. 화장실에서 볼일을 볼 때도, 날씨 좋은 날 차를 몰고 갈 때도, 걸을 때도 매 순간 기쁨을 발견하고 1분간 집중하는 것이다. 자주 찾고 느낄 때마다 새로운 기쁨이 나타나고, 우리 뇌의 부정성이 교정되어 행복 수준이 높아질 것이다.

변연계 훈련법

　이제 좀 더 적극적으로 습관의 뇌를 바꾸는 '변연계 훈련법'을 알아보자. 이 훈련은 우리가 늘 경험하는 내면대화의 양극단의 목소리를 그대로 이용하는 방법이다. 습관의 뇌가 늘 제시하는 불편을 떠올리면서, 동시에 그것을 긍정적인 것과 직접 연결하고, 느낌을 적절히 이용하는 가장 효과적이고 좋은 훈련법이다. 불편과 긍정을 직접 연결하는 것이 왜 중요할까?

마크 쉔 박사는 이것을 '이중성의 수용'이라고 말한다. 이때 말하는 이중성이란 습관 때문에 생기는 불편함에 직면해서도 편안과 안전을 찾을 수 있는 상태다. 불편함을 받아들이고, 그 안에서 뭔가를 하는 이중성을 말한다. 즐겁지는 않겠지만 이런 이중성을 훈련하는 것은 중요한 삶의 기술이다. 우리가 바라는 성공과 행복이란 편안함과 즐거움이 가득한 상태가 아니라, 필연적으로 겪을 수밖에 없는 역경과 도전을 넘어서는 것, 그리고 뇌의 생존 본능이 발휘되더라도 그 속에서 안전함을 만들어 내고 그 '너머'를 향할 때 가능하기 때문이다.

변연계 훈련의 의미를 하버드 대학교 필레이 교수는 다음과 같이 이야기한다.

"때로는 느낌을 가볍게 취급하는 게 도움이 된다. 인생은 정말 짧다. 경험은 오고 간다. 그리고 뇌의 빠르고 무의식적인 반응들은 컹컹 짖는 개와 같아서, 우리 뇌가 항상 이유가 있어서 짖거나 날뛰는 것은 아니다.

모든 생리적인 감각과 이야기를 진지하게 취급하는 것은 책임지지 않아도 되는 것을 책임지고 있는 것이다. 따라서 두려울 때는 이렇게 자문해 보면 마음이 편해질 수 있다. '어디까지가 내 뇌의 책임인가?'

두려움은 결코 사라지지 않는다는 것을 알아 두자. 두려움을 감정의 오케스트라의 시끄러운 튜바라고 생각하고, 볼륨을 낮추도록 편도체를 훈련시켜 보자."

중간지대에서 좌충우돌하는 게 우리의 모습이라면 이러한 내면의 목소리를 어떻게 다루면 좋을까? 아래 내용은 마크 쉔 박사가 제시하는 변연계 훈련법을 습관의 관점에 맞춰 적용할 수 있게 각색한 것이다.

이 훈련법은 30분 정도 시간을 내서 해 보는 것이 좋다. 먼저 하루 중 불편함을 가장 많이 느낀 순간 또는 자신에게 가장 고통스러웠던 시간을 떠올려 간략하게 기록한다. 그리고 아래에 제시한 단계를 따른다. 처음에는 10점 만점에 5~6점 정도 되는 불편으로 훈련한 후에 점점 더 강한 상태로 가는 것이 유리하며 훈련의 효과도 크다.

① 즐거운 경험 또는 감사를 통해 긍정적 상태를 충분히 느낀다.
감사하는 마음이 드는 사건이나 경험을 3~5가지 정도 적어 둔다. 가족 또는 사랑하는 연인과의 여행, 사업을 성공시킨 일 등 어떤 경우라도 좋다. 아니면 진정으로 소망하는 것을 떠올려도 된다. 그 감

사함에 주의 집중하면 가벼움과 따뜻함 등을 느낄 수 있을 것이다.

② 호흡을 하면서 긴장을 푼다.

긴 호흡을 3번 하면서 긴장을 풀고 이완한다. 호흡을 제대로 하면 몸의 긴장이 풀어지는데, 긴장을 푼 상태가 필요한 이유는 바로 이 공간이 무대가 되어 불편을 자연스럽게 펼칠 수 있어야 하기 때문이다. 긴장이 아직 남았다고 느껴지면 몇 번 더 호흡하면서 '편안한'이라고 읊조리면 도움이 된다.

③ 불편을 떠올리고, 감사도 떠올린다.

불편한 상황을 생각하다 보면 1단계와 달리 몸이 긴장하고 나쁜 기분이 커질 것이다. 이 상태를 그대로 둔다. 억압하지 않고, 있는 그대로 느낀다.

몇 분에 걸쳐 불편을 충분히 느낀 다음, 감사 목록에서 골라 놓은 항목 중 1~2개를 골라서, 앞서 살펴본 방법처럼 감사의 느낌이 충분히 들도록 만끽한다.

이 훈련의 목표는 불편이 완전히 사라지게 하는 것이 아니라, 그 불편을 불안이나 위험이 아닌 다른 느낌과 연관시키는 것이다. 이런 이중의 상태를 당연하게 받아들이게 만드는 것이다.

④ 이중성을 느끼고 긍정에 스포트라이트를 비춘다.

처음에는 이 이중성의 상태가 다소 이상하게 느껴질 수 있다. 가슴이 답답한 느낌과 따뜻한 느낌을 동시에 느끼게 된다. 이중의 감정을 느낄 때는 변연계의 반응이 절대적이지 않고 더 폭넓고 융통성 있게 대응할 수 있음을 스스로 뇌에 각인시켜야 한다.

단 긍정적인 것을 더 강하게 느껴야 부정적인 것이 변한다. 그러므로 부정적인 것을 의식의 배경에 두고, 그것이 흐릿하고 하찮고 가벼운 것이 되게 한다. 그러면서 긍정적인 것을 의식의 전면에 두어 그것이 밝고 크고 강렬한 것이 되게 한다.

부정적인 것이 너무 강하면 그것을 뜨거운 감자라 생각하고 놓아 버리는 상상을 해도 좋다. 부정적인 것이 강하면 그것을 합리화하려는 생각으로 빠지게 된다. 가능한 한 부정적인 것을 무대의 끝자리에 두어야 한다.

⑤ 감정에 꼬리표를 붙인다.

불편함과 감사함이 공존할 수 있음을 인정하고, 이런 이중적인 감정에 꼬리표를 붙여 본다. 이름을 붙여 그것을 명확하게 인식하면 변연계의 반응이 줄어들고, 대뇌가 활성화된다.

이 과정을 지속하면 뇌는 이제 2가지 감정을 동시에 느끼는 것을 당연하게 받아들인다. 이 상태를 비유적으로 '대뇌와 변연계가 가지런히 놓이는 것'이라 할 수 있다.(예를 들어 꼬리표를 붙일 때 '나는 이런 불편을 느끼는 동안에도 점점 더 안전하다고 느끼고 점점 더 편안해질 수 있어.'라고 한다.)

⑥ 1시간 이상 긍정적인 것을 자주 떠올린다.

뇌에서 부정적인 정보를 바꾸려면 1시간 정도가 필요하다. 그러므로

1시간 동안은 앞선 단계에서 떠올린 긍정성에 초점을 맞추고 10초 이상 긍정적인 것을 느끼기를 반복한다.

이때 부정적인 감정이 떠오를 수 있다. 그러면 또 다시 앞선 과정을 통해 보완한다. 처음에는 잘 안 될 수 있다. 그러나 이중의 감정 상태를 인식하는 것만으로도 충분하다. 점점 좋아질 것이기 때문에 급하게 대응하지 말자. 조급한 마음은 나쁜 습관의 힘을 더 강하게 하는 동력이 되기 때문이다.

⑦ 더 큰 불편으로 점점 늘려 간다.

이런 과정을 한 번만 해서는 뇌의 각인을 바꾸기 힘들다. 의미 있는 변화를 이루려면 일주일에 5회 정도 실시해야 한다. 불편한 상황들이 갈수록 더 이상 불편하지 않게 되고, 스포트라이트로 주의를 조정하기도 더 용이해질 것이다. 이것은 뇌를 속이는 것이 아니라 원래 뇌가 가지고 있는 부정 편향을 바꿔서 중립 또는 긍정적인 상황에 맞추는 것으로, 내가 나의 진정한 주인이 되는 과정이다.

변연계 훈련법도 일상에서 쉽게 적용할 수 있다. 예를 들어 일을 할 때 두렵거나 불안하거나 불편을 느낀다면, 지금 느끼는 불편함을 그대로 인정하고, 여기에 즐거움을 더해 본다. 이 일이 끝나고 난 뒤에 성과를 통해 보람을 느끼는 나, 주변에서 인정해 주는 나를 상상하면서 즐거움을 충분히 느낀다. 이렇게 하면 전혀 없을 것 같았던 동기가 올라오고, 마음에 집중할 여유가 생기는 자신을 발견할 수 있다. 불편에 대해서 이렇게 적용하면 불편을 이용해야 할 대상으로 받아들이는 것이 더 쉬워진다.

주의할 점은 너무 큰 불편이나 트라우마는 혼자 떠올리고 해결하기 어려울 수 있다는 것이다. 이런 경우에는 전문가의 도움을 받아야 한다.

5장

HOH 3 = 감정 저장고 비우기

우리는 아침마다 스트레스와 불안과 두려움과 걱정을 안고 일어나는 것을
정상으로 여기는 사회를 만들어 냈다. 하지만 이것은 정상이 아니다.
이런 느낌은 원래 지속되어서는 안 되는 것들이다. 이런 느낌은
일종의 경고 시스템으로서, 우리에게 참고 지내지 말고
해결해야만 할 것들이 있음을 경고해 주도록 진화된 것이다.
— 비센 락히아니

불편 너머로 가려면 먼저 불편 자체를 거부하거나, 불편의 과
잉반응을 놓아 버릴 수 있어야 한다. 나쁜 습관을 이용해야 할 과
제로 받아들이고, 과잉반응을 조정하는 변연계 훈련법이 바로 이
역할을 한다.

그러나 쌓여 있는 내면대화를 넘어서기 위해서는 여기서 더 나
아가야 한다. 뇌의 속임수 자체를 다룰 수 있어야 하기 때문이다.
머리, 가슴, 행동형의 유형에 따라서 속임수를 넘어서는 방법을
익히면 불편 너머로 더 잘 통과할 수 있다. 이제부터 알아볼 '습
관 너머 습관'들은 감정적으로 자신이 해결해야 할 것들을 발견하
게 해 주는 새로운 습관들이다.

감정은 저장되어 있다

부정적 생각이나 감정의 자연적 수명은 90초다.
우리가 화를 내는 순간 스트레스 호르몬이
온몸의 혈관을 타고 퍼져 나가는데,
90초가 지나면 저절로 완전히 사라진다.
— 질 볼트 테일러

살면서 경험한 많은 사건들이 내면대화를 만든다. 이 내면대
화에 가장 큰 영향을 주는 것이 무엇일까? 사건에 대한 기억일까,
생각일까, 판단일까 아니면 감정일까? 뇌 과학자들은 '감정'이 가
장 큰 영향을 준다고 한다.

왜 감정이 중요할까? 뇌의 특성 때문이다. 우리는 어릴 때의 일
들을 잘 기억하지 못하지만, 감정은 그렇지 않다. 우리의 뇌는 나
이가 들면서 완성되어 가고, 새로운 뇌 세포가 생기면서 기존의
뇌세포와 교체된다. 그런데 감정의 기억을 담당하는 편도체는 태
어날 때부터 이미 어느 정도 발달되어 있어서, 어릴 때 느낀 감정
은 일찍부터 내면에 기억된다. 그러나 그런 감정을 만들었던 사건
에 대한 기억은 뇌세포가 교체되면서 사라진다.

감정은 그것을 뇌에 정확하게 차곡차곡 저장한다. 편도체에 그
모든 사건들을 감정 기억으로 쌓아 둔다. 이렇게 쌓아 둔 일명 '감

정 저장고'는 우리가 어떤 상황에 대해 즉각적으로 좋고 싫고 하는 판단을 내리게 해 준다.

앞서 우리는 나쁜 습관이란 '배움 아닌 배움이고, 삶의 슬픈 흔적'이라고 했다. 이런 배움과 슬픈 흔적이 하나하나 쌓여 있는 것이 바로 감정 저장고다. 성장하고 난 뒤 부모의 생활을 그대로 답습해 재현하는 것 같다고 느끼는 사람들이 많다. 심지어 부모님을 절대 닮지 않겠다는 분들마저도 부모님과 거의 비슷한 화내는 습관, 대화하는 습관, 비교하는 습관을 그대로 반복하곤 한다. 어릴 때의 경험들이 자신도 모르게 감정 저장고에 쌓여 있기 때문에 나타나는 현상이다.

감정 저장고 때문에 자신의 감정 채널은 점점 고정된다. 우리의 감정이 1~99까지의 채널을 볼 수 있는 텔레비전 수상기라고 한다면, 자라면서 몇 가지 채널에만 고정되는 것이다. 이 고정 채널이 감정 습관이다. 우리를 감정 습관으로 끌고 가는 그 에너지가 바로 감정 저장고에서 나온다. 에너지는 사람마다 다른데 그것은 쌓여 온 감정 기억이 다르기 때문이다.

『의식 혁명』의 저자인 데이비드 호킨스 박사는 정신과 의사로서 의식 수준을 탐구한 경험을 통해 가장 중요한 것을 '감정 자체의 에너지'라고 말한다. 에너지원인 감정 저장고를 제대로 이해하고 감정 저장고를 비울 때 비로소 자유롭게 된다는 것이다. 감정을 참거나 억누르지 않고 감정 저장고를 비우려면 이 감정 저장고를 제대로 이해해야 한다.

감정 저장고를 이해하는 좋은 방법 중 하나는 그냥 저장고가 아니라 '분출을 기다리는 가압 가스 저장고'로 보는 것이다. 어떤 사건이 발생하면 압축된 가스가 가득 차 있는 이 저장고의 분출구 중 하나가 열리게 된다. 그러면 통 속에 꾹꾹 눌려 있던 감정 에너지가 이 틈으로 마구 분출되어 나온다. 이렇게 분출되면, 그 안에 있던 압력 때문에 이런저런 부정적 감정 '모두'가 표출되어 버릴 수 있다.

작은 계기가 불러온 불안이 지금까지 만들어 온 모든 평화를 무너뜨리고, 자신감을 완전히 없애 버리고, 더 나아가 가장 최악의 상황을 떠올리면서 온통 걱정에 휩싸여 버리는 경험을 해 보았을 것이다. 이것이 바로 감정 저장고의 압력과 분출 때문이다.

하나의 사건으로 분출구가 열리면 감정 저장고의 압력 때문에 모든 부정적 감정들이 서로 뒤엉켜 분출된다. 감정 저장고의 압력으로 에너지가 분출되면 온갖 내면대화가 쏟아진다. 그래서 생각이 더 많아진다. 이럴 때 잘못하면 또 이상한 쪽으로 가게 된다. 자주 경험하는 감정 저장고의 압력 분출 예는 걱정과 두려움, 그리고 타인에 대한 분노다. 이런 경우에는 끊임없이 계속되는 내면대화를 경험하게 된다. 꼬리에 꼬리를 무는 생각이 이어지고, 더 격정적이고 고통스럽게 느끼게 한다. 살면서 쌓아 둔 저장고의 특성에 따라 다르지만 누구라도 비슷한 과정을 경험하는 것은 바로 이 때문이다.

감정 저장고가 만들어 내는 내면대화는 너무 자주 일어나기 때문에 누구라도 자칫하면 뇌의 거짓말에 흔들려 부정적 느낌에 휩싸이기 쉽다. 부정적 생각이 봇물 터지듯이 나오는 것은 꼭꼭 담아 둔 감정 저장고가 비워지지 않고 쏟아져 내려서 그런 것이다.

그러므로 우리는 감정 저장고를 비우고 이를 활용하는 관점을 익혀야 한다. 감정 언어가 내뿜는 고통의 출발점이 감정 저장고라는 점을 정확하게 이해하고 그것을 풀어야 한다. 그 핵심은 감정을 있는 그대로 경험하는 것이다. 감정 기억을 풀 수 있는 주체는 오직 자기 자신뿐이기 때문이다. 외적인 상황을 바꿔도, 성공해도, 멋진 사람과 산다 해도 감정 기억의 결핍을 채울 수는 없다. 오직 자신이 그것을 안아 줄 수 있어야만 그 저장고가 비워진다.

두 번째 감정 저장고를 이해하는 좋은 방법은 '가시가 박힌 4~5살의 어린아이'로 보는 것이다. 돌아보면 누구나 뭐가 뭔지 모를 어린아이일 때 힘든 상황들에 노출되었다. 우리 모두가 힘든 상처를 입고 가시가 몸에 박힌 채 살아가고 있다. 이 가시가 불편하고 아파서 피하고 저항하다 보니 어느 순간 우리 안에 4~5살짜리 아이가 고집을 피우는 것처럼 완고하고 앞뒤가 맞지 않은 감정 고집이 생겼다. 저장된 감정이 만들어 내는 고집이다. 이것은 이래야 한다는 믿음과 생각들로 꽁꽁 묶여 있는 딱딱한 자신만의 감정 덩어리다. 감정 저장고는 그래서 고통 저장고이기도 하다.

실제로 편도체에는 5살 이전에 배운 분노, 증오, 절망 등의 원시적 감정이 5살을 넘으면서 거의 고정된다고 한다. 이 때문에 5살 아이나 어른이나 원시적 감정은 똑같다. 나이가 들었다 해도 분노하고 화를 낼 때의 모습은 아이와 같은 이유가 바로 이 때문이다. 이것을 심리학에서는 '내면아이'라고 말한다. 5살 아이의 감정을 기준으로 좋고 싫고를 따지며 생존 위협을 평가하는 것이 감정 저장고의 특성이다.

4~5살 아이를 키워 보았거나 가까이서 봤다면, 이 아이에게 이렇게 하는 것이 좋다거나 나쁘다는 식의 논리적 대화는 아무런 효과도 없다는 것을 알 것이다. 아이는 오직 자신이 좋다고 느낀 것, 싫다고 느낀 것에 충실할 뿐이다. 우리 역시 자신이 느끼는 느낌이 받아들여지지 않으면, 우리 뇌는 더더욱 위협을 받는다고 느끼면서 이성적 사고는 중지되어 버린다. 생존 위협으로 느끼면(무의식적인 느낌이다.) 편도체가 활성화되고, 감정적 격정은 물론 두려움과 공포감이 강화된다. 위협이라고 철석같이 믿는 5살짜리 감정 저장고는 이런 식으로 우리를 끌고 간다.

어떻게 하면 활성화된 편도체의 과잉반응을 해제할 수 있을까? 두려워하고 과잉반응하는 5살짜리 아이를 조용히 시키는 것은 논리가 아니다. 최고의 방법은 부모의 눈과 가슴으로 안아 주는 것이다.

감정 저장고에서 쏟아져 나오는 내면대화를 향해서 '그랬구나.

그래서 화가 났구나.' 하며 이해하고 배려하면 편도체는 진정한다. 편도체가 꺼지면 공포나 위협반응이 줄어든다. 과잉반응으로 신호를 보내는 것이 줄어드는 것이다.

우리 감정이 말하는 것을 있는 그대로 바라봐 주는 것, 따뜻하게 바라봐 주는 것, 감정 언어를 그대로 경험하는 것이 바로 새로운 습관의 핵심이다. 상처받아 힘들 때 누군가 다가와 공감해 주고, 울고 나면 시원한 감정이 느껴지는 것과 똑같은 변화가 감정 저장고에서도 일어난다.

감정 저장고는 이렇게 있는 그대로를 드러내면 하나씩 비워진다. 이것이 우리가 감정에 대해 알아야 할 중요한 부분이다.

고통스런 감정을 다루는 유일한 방법

심리학자인 대니얼 고틀립은 매우 힘든 삶을 살아온 분들 중 하나다. 전도유망한 심리학자로 경력을 쌓아가던 33살에 그는 불의의 교통사고로 척추손상을 입어 전신이 마비되고 만다. 그 후로 극심한 우울증과 이혼, 아내와 누나, 부모님의 죽음을 차례로 경험하고, 너무나 사랑하는 손자의 자폐증을 비롯해서 생각하기도 힘든 다양한 불행을 맛보았다. 그런 경험 속에서 얻은 지혜로 사람들의 아픔과 상처를 어루만지는 심리학자로 알려진 분이다.

고틀립 박사는 우리가 경험하는 감정에 대해 대응하는 것은 소용이 없다고 말한다.

"내가 열등감이나 불안이라는 악마와 함께 산다고 가정해 보자. 나의 마음은 당장 이 나쁜 감정들을 몰아내고 안정감을 찾기 위해 분주히 노력한다. 하지만 아무리 애를 써도 그 악마가 언제나 나보다 한 수 위다. 열등감을 불러일으키는 여러 메시지들은 쉴 새 없이 떠올라 우리를 잠시도 가만 내버려 두지 않는다. 내 마음은 언제나 나보다 한 수 위다."

그리고 감정을 대하는 방법을 이렇게 제안한다.

"단지 관심을 받고 싶어 하는 당신의 마음이 있을 뿐이다. 진정한 안정감은 우리가 더 이상 우리의 마음을 두려워하지 않을 때 찾아온다. 불안이 느껴지면 그냥 느껴라. 만약 내 마음이 나를 어두운 곳으로 데리고 간다면 그냥 따라가서 거기 잠시 머물러라."

5살 아이는 자기 옆에서 자기 이야기를 들어 주는 것을 원한다. 이게 감정 저장고를 대하는 새로운 습관이다. 가시 박히고 상처 입은 아이를 그저 바라보는 것이다. 그러면 감정 저장고에서 다양한 감정이 왔다 갔다 할 수 있다. 버스 정류장에서 버스를 기다리는 것처럼 감정이 그렇게 지나가길 바라보는 것이다. 올 것은 온다고 믿고 기다리면 그 버스는 시간이 되면 오고 머물다가 시간이 되면 자연스럽게 떠나가게 된다.

스스로를 안아 주며 이렇게 말해 보자.

'그렇구나. 괜찮아.'

예를 들어 '또 잘 안 된다.'는 생각과 함께 우울한 느낌이 들면, '그렇구나. 나는 또 잘 안 된다고 생각하면서 힘들어하는구나. 그렇구나. 괜찮아질 거야. 괜찮아.'라고 속으로 말해 보자. '괜찮아. 괜찮아.'를 여러 번 자신에게 전하는 것이다. 속으로 자신에게 말하기만 해도 훨씬 마음이 가벼워지는 것을 느낄 수 있을 것이다. '괜찮아.'라고 말하면서 한 손을 가슴에 올리고 부드럽게 쓰다듬거나 토닥토닥 두드리면서 말해 보자. 어쩌면 울컥할 수도 있다. 그래도 괜찮다.

우리가 이렇게 단지 마음을 주의 깊게 지켜보는 것만으로도 감정 저장고는 조금씩 풀어진다. 그러면서 전환의 길에 대한 저항도 풀어지고, 나쁜 습관을 도전과제로 받아들이기도 수월해진다. 이 과정이 깊어지면 또 다른 평안함과 고요함을 느낄 수 있다. 머리로서는 이해하기 힘들 수 있지만 이게 감정 언어의 본모습일 뿐이다.

『현존』의 저자인 레너드 제이콥슨은 모든 고통은 경험되어 풀려나기를 바라고 있는데, 우리는 어릴 때 이미 버거운 감정을 억압해야겠다고 마음먹었기에, 아직 완료되지 않은 감정을 풀려나게 해 주는 것이 중요하다고 말한다. 그가 제안하는 감정을 풀려나게 하는 방법은 명확하다. "고통스러운 감정을 다루는 유일한

길은 느끼는 것이다."

우리는 너무 많은 두려움을 안고서 자라 왔다. 이제 그런 두려움에 대해 저항하기보다 가까이 접근해 가자. 두려움을 향해 나아갈 뿐 아니라, 그 두려움을 받아들이기까지 해 보는 것이다.

감정 에너지와 신체 언어 활용법

불안한가. 잠시 그 불안과 함께 있어 보라.
그리고 안절부절못하는 자신을 따뜻이 안아 주라.
— 김기태

감정이 우리를 움직이게 한다. 결정을 내리게 한다. 감정은 영어로 'emotion'이다. 움직임을(motion)을 주는 에너지란 의미가 잘 표현되어 있다. 실제로 뇌 과학에서는 감정에 관여하는 뇌가 손상을 받으면 어떤 욕구도 갈망도 느끼지 못하며, 아무런 결정도 하지 못한다는 사실을 확인했다.

감정이 우리를 움직이고 막아서게 하는 에너지이기에 다루기가 어려운 것이다. 오히려 휩쓸리기 쉽다. 감성 지능을 이해하기는 쉽지만, 이해한다 해도 실천하기 어려운 것과 같다. 자신의 감정을 인식하고, 그것이 습관이 만들어 낸 불편함이라고 받아들이고, 5살 아이를 돌보듯 부드럽게 바라보아야 한다. 그래서 감정에 관한 새로운 습관이 자연스러워질 때까지 훈련해야 한다. 감정 언어에 끌려가는 것과 감정의 파도를 잘 타는 것은 전혀 다른 차원이다. 한쪽은 긴장으로 이어지지만 다른 한쪽은 고요함으로 나타난다.

감정 언어를 다루는 어려움을 넘어서는 데 도움이 되는 2가지 방법이 있다.

하나는 에너지로 보는 방법이고, 다른 하나는 신체 언어를 활용하는 방법이다. 이 방법들을 같이 알아보도록 하자.

첫째, 감정이 에너지라면 우리가 감정을 다룰 때도 이 에너지에만 집중한다. 『즉각적인 치유의 비밀』의 저자인 킨슬로우 박사는 감정이 물결처럼 퍼져나가는 에너지 덩어리라고 말했다. 그것이 있는 그대로 나를 통과해서 흘러가도록 하면 어떻게 될까? 그냥 에너지에만 집중하고 그것을 느끼면서 내버려 두면 점점 퍼지면서 사라진다. 그물에 걸리지 않고 지나가게 하는 것이다.

정반대로 생각과 감정을 회피하거나 억압하거나, 적으로 보고, 모른 척하는 것은 그것을 또 마음속에 쌓이게 한다. 내면대화의 에너지가 자신에게 되돌아와 버리는 것이다.

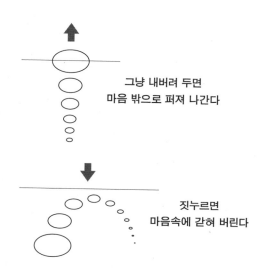

그냥 내버려 두면
마음 밖으로 퍼져 나간다

짓누르면
마음속에 갇혀 버린다

막아 버린 감정이 있는 그대로 표현되도록 할 필요가 있다. 우리가 감정을 억압한 어린 시절부터, 불편을 회피하면서 보낸 모든 감정 기억들은 에너지로 남아 우리 안에 쌓여 있다. 이것을 밖으로 드러내고 흘려보내야 한다. 그렇지 않으면 그 에너지가 내면에 간직되고 우리를 압박하고 통제하면서 우울하게 살게 된다. 감정이 만들어 내는 어떤 내용이라도 표현될 수 있게끔 놓아 두도록 하자. 수치스러운 것, 파괴적인 것이라고 하더라도 마찬가지다. 그 것을 그저 있는 것으로 인정하자.

저명한 심리학자인 나다니엘 브랜든은 이것을 인정할 때 변화가 가능하다고 말한다.

"나의 경험 자체를 온전히 받아들인다. 만약 내가 분노, 두려움, 불편한 욕망을 느낀다면, 나는 그것을 느끼고 있는 것이다. 사실은 사실이다. 나는 합리화하거나 부인하지 않으며 변명하려 하지 않는다.

내가 느낀 것을 느끼고, 내 경험의 실체를 받아들인다. 가령 나중에 부끄럽게 여길 행동을 하고 있더라도, 그러한 행동을 취했다는 것은 여전히 사실이다. 그것이 현실이다. 그리고 나는 사실을 사라지게 하려고 나의 뇌를 왜곡하지 않는다. 나는 기꺼이 내가 옳다고 확신하는 그곳에 굳건히 서 있을 것이다.

원치 않는 감정이라고 마지못해 인식하지 말고, 스스로 마음을 활짝 열어 그것을 온전히 경험해야 한다. 당신이 지금 처한 현실을 인정하지 않는다면 어떻게 변화할 수 있다고 상상할 수 있겠는가."

에너지로 보는 이 관점을 적용하는 방법을 나눠 보면 다음과 같다.

(1) 고통스러운 감정을 느낄 때 그것을 하나의 에너지로 본다. 내부의 경험들을 가슴을 지나가는 에너지로 바라보라.

(2) 이완한다. 움츠러들면서 닫아 버리거나, 그 에너지에 휩쓸리지 않아야 한다. 아픈 곳이 드러나고 정확히 대면할 수 있을 때까지 가슴을 이완하라.

③ 긴장과 고통이 마음을 휩쓸더라도 기꺼이 함께 있도록 허락한다. 계속 이완하면서 이것이 성장의 기회이고 나의 가시를 빼는 작업, 감정 저장고에 숨겨진 감정이 제 목소리를 내도록 하는 것이라고 되뇌라. 풀어야 할 것들이라는 점을 분명히 받아들이자.

④ 엄청난 저항을 느낄 수도 있다. 저항을 느끼는 동안에 부정적인 생각에 휩싸일 수 있다. 보호하거나 방어하고 싶을 때는 여린 마음의 내면대화임을 알고 놓아 버린다. 계속 감정 에너지에만 집중하고 그 느낌을 느끼는 것이다. 분석이나 해석을 가하는 일을 그만두자. 옳고 그름을 판단하고 싶은 마음도 내려놓자. 사건이나 자신을 질책하지 말자. 에너지를 그저 느끼면 된다. 생각으로 가지 말고 오직 느낌에 머무르자.

⑤ 고통을 놓아 버려서 당신을 지나쳐 가도록 공간을 내어 주어라. 그것을 단지 계속 쌓여 온 감정적 에너지로 바라보고 지나가도록 놓아 주라. 고통에 저항하는 무의식적인 습관을 인정하고, 저항해서 그것이 사라지는 것이 아니라 오히려 쌓인다는 사실을 분명히 인식하라. 그 에너지를 풀어 주어 지나가게 하면 그때야 사라질 것이다.

둘째로, 신체 언어를 활용하는 방법이다.

감정이 올라오거나 힘들어지면 신체는 어떤 반응을 보일까? 긴장되면서 목이나 가슴에 이상 증상을 느낀다. 예를 들어 가슴이 답답해진다면, 이것은 신체 언어가 감정이나 생각을 거꾸로 드러내 주는 것이다.

구글의 엔지니어이자 명상 강좌를 만드는 차드 멍 탄은 신체 언어를 이용하는 것이 감정을 현미경으로 들여다보는 방법이라고 말한다. 감정에 끌려가지 않으면서 관찰하는 좋은 방법이라는 것이다.

감정은 보이지 않아서 그것이 어떻게 움직이는지 잘 모르며, 감정 언어를 들여다보기보다는 끌려가서 감정의 포로가 되기 쉽다. 그런데 몸에서 일어나는 감정의 표현을 알아차리면 어떻게 될까? 몸의 변화를 신호로 보고 관찰하는 관점으로 더 빨리 갈 수 있을 것이다.

몸의 변화만으로 '아, 지금 감정이 격해지는구나.'라고 인식하고 정확하게 알아차리게 된다. 그래서 현미경에 비유한 것이다. 감정을 불러일으키는 편도체가 활성화되면 호르몬이나 신경전달물질을 통해서 바로 몸에서 반응을 일으킨다. 그렇기 때문에 감정을 확인하는 좋은 수단이 신체 언어다. 감정이 과잉반응하면 몸이 긴장되고, 반대로 감정이 안정되면 몸이 이완된다.

신체 언어를 활용하는 방법은 요가나 명상 등 여러 가지가 있다. 여기서는 불편함을 기준으로 감정에 끌려가지 않는 관점을 익히기 위한 방법을 알아볼 것이다.

① **몸의 긴장을 부정적 감정의 증상으로 본다.**
불편함에 끌려가지 않고, 그저 '내가 불편함을 느끼는구나.'라고 알아차린다.

② **감정을 있는 그대로 느끼면서 그것이 몸의 어디에서 긴장이나 꽉 막힘 또는 고통으로 느껴지는지 확인한다.**
대부분 목이나 가슴 또는 명치 쪽에서 막혀 있거나 답답함을 느끼는 경우가 많다. 감정을 느끼면서 몸의 느낌을 같이 느껴 본다.

③ **감정을 충분히 느끼면서 몸에서 긴장되거나 고통스러운 부위에 손을 올려 보거나, 그것에 사랑하는 시선으로 따뜻하게 다가간다.**
빛이 그 고통에 들어간다고 봐도 된다. 그러면서 빛이 그 긴장된 몸을 이완하고 녹여 낸다고 상상해도 좋다. 몸에서 느껴지는 그 부분에 집중하면서 "괜찮아."라고 말하고, 천천히 풀어진다고 상상하자. 빨리 풀어지라고 하지 말고 천천히 부드럽게 다가간다. 있는 그대로 경험하면서 관찰하고, 상상하는 방법을 이용하자. 놀랍게도 감정이 점점 사라지면서 그 감정 에너지가 빠져나가는 느낌을 받게 된다. 이런 신체 언어의 특성을 들어 이것을 '몸의 지능'이라고 말하기도 한다.

④ **일상에서 자주 몸을 느끼면서 이완하는 것을 습관화한다.**
이완되면 편안하고 관찰하기 쉬워진다. 늘 몸이 긴장되어 있다면 일을 하면서 '○○해야만 한다.'에 사로잡혀 있다고 봐도 된다. 특히 목이나 어깨를 자주 이완하면 좋다.

사실 우리는 신체 언어를 이용해서 감정을 조정하는 방법을 자주 이용하고 있다. 걷거나 운동을 하고 나면 스트레스가 해소된 느낌을 받는 것도 이런 신체적 이완이 주는 효과 때문이다. 정기적인 운동을 가장 효과적인 스트레스 해소법이라고 하는 이유도 이 때문이다. 결국 의식적으로 하는 것이 다를 뿐이지 실제로 우리는 신체 언어, 즉 이완의 중요성을 늘 경험하고 있는 셈이다.

신체 언어의 이런 특성을 이해한다면 아주 실용적인 지침도 발견할 수 있다. 항상 몸을 이완한 상태로 잘 이끌어 주는 호흡법의 중요성이다.

실제로 스트레스를 조절하는 의지력을 키우는 가장 효과적이고 쉬운 방법이 바로 호흡법이다. 깊은 호흡 6~10번을 하게 되면 몸의 긴장이 줄고 부교감 신경이 활성화되면서 감정적 격정을 낮춰 주기 때문이다. 스트레스가 강한 직종인 교사, 의사, 경찰직에 호흡법을 가르쳐준 뒤 시간이 지나서 확인해 보면 스트레스에 대한 과잉반응의 수준이 확연히 낮아졌다고 한다. 신체 언어가 알려 주는 중요한 사실이다.

이렇게 감정의 에너지가 지나가고 나면 자신을 막아서려는 힘이 현저히 약해지고, 전환의 길을 걸어가야 할 동기가 자연스럽게 생겨날 것이다. 이렇듯 평소에 호흡에 집중하는 것은 자신을 위한 소중한 습관이다.

마지막으로 감정을 경험하는 것에 힘들어하는 분들을 위한

15분 감정 적기 방법도 뒤에 따로 정리해 두었다. 이때, 이런 방법을 적용했는데 잘 안 된다고 해서 자책하지 말아야 한다. 실패는 당연한 것이다. 그 실패를 넘어설 때까지 자꾸 적용하면서 습관을 들이는 것이 핵심임을 잊지 말자.

새로운 습관이 되기 전에 그만두는 것이야말로 다시 원래대로 돌아가게 만드는 뇌의 속임수다. 새로운 습관에 익숙해지면, 뇌는 이제 새로운 수준에 맞춰서 움직이기 시작할 것이다. 그때까지 실패는 누구나 경험할 수밖에 없는 과정이란 점을 명심하자.

15분 감정 적기

감정 언어를 바라보는 것이 익숙하지 않은 분들은 감정적 느낌을 그대로 느끼면서 15분 동안 따라 적는 방법을 추천한다. 15분 적기는 15분 동안 '왜냐하면……'이라는 문구를 이용해서 계속 적는 간단한 방법이다.

예를 들어 "나는 화가 난다. 왜냐하면……" "나는 슬프다. 왜냐하면……" "나는 두렵다. 왜냐하면……" 식으로 작성하는 것이다. '왜냐하면' 뒤에 무엇 때문에 화가 나고, 슬프고, 두려운지를 떠오르는 대로 써 보면 된다. 계속 '왜냐하면'을 주제로 해서, 하나의 답변이 나타나면 그 답변에 또 '왜냐하면'을 물어보는 식으로 진행하면 된다. 최소한 5번 이상의 '왜냐하면'을 사용하는 것을 목표로 해 보자. 계속 드러내고 드러내자.

감정을 환영하면서 그 감정이 말하고 폭발하는 것을 그냥 따라가 보자. '나쁜 습관은 없다.'는 명제를 믿고 해 보자. 자신을 있는 그대로 더 깊이 만나 보는 좋은 방법이다.

실제로 해 보면 처음에는 그냥 감정이 뒤죽박죽되면서 화가 더 나기도 한다. 눈물이 나거나 몸이 부들부들 떨리기도 한다. 그럴 때도 감정 공포증으로 가지 말고, 스스로 '괜찮아.'라고 하면서 쓰고 또 쓴다. 마음이 내키는 대로 마구 작성하면 된다.

처음에는 A 때문이라고 한 것이, 어느 순간 B 때문이라는 것으로 바뀌기도 한다. 그리고 숨어 있던 다른 기억이 드러나기도 한다. 겉으로 드러난 나무가 분노라면, 서로 얽혀 있던 뿌리들을 보게 되면서 다른 진실을 대면하게 된다. 이렇게 쓰면서 스스로 그 감정의 주변으로 일종의 공간이 생기는 느낌이 든다면, 살면서 만들어진 감정의 저장고가 비워지고 있는 것이다.

기쁨은 드러내면 드러낼수록 더 커진다. 그런데 분노와 슬픔, 두려움은 반대로 그것을 드러내면 해소된다. '왜냐하면'을 계속 들여다보면 내가 진짜 원하던 것이 무엇인지 드러난다. 노트를 이용해서 자신의 감정을 치유해 보자.

6장 HOH 4 = 생각 언어 바꾸기

스트레스는 선물입니다.

스트레스를 불러일으키는 생각을 탐구하면, 감정은 저절로 바뀝니다.

그럴 수밖에 없습니다. 우리의 영사기(마음. 또는 습관의 틀을 벗어나면)가

바뀌면, 그것이 투영하는 세상도 바뀔 수밖에 없기 때문입니다.

우리에게 진실하지 않은 이야기를 믿지 않으면,

우리는 스트레스를 느낄 수 없습니다.

— 바이런 케이티

우리는 현대에 살고 있지만 동시에 고대인이기도 하다. 두려움에 과잉반응하지 않은 고대인은 생존하지 못했다. 원시시대에는 집단에서 거부당하고 혼자가 된다는 것이 죽음을 의미했다. 그래서 우리 뇌에는 상사나 동료 등 주변 사람이 자신을 어떻게 생각하는지 신경 쓰고 걱정하는 부위가 따로 있다고 한다. 어떤 상황이 닥치면 위험한지 다른 사람들이 나를 어떻게 생각하는지 혹시 잘못되면 어떡할지에 대해 늘 걱정하는 이유다.

걱정하고 두려워하고 눈치를 보고 비교하는 생각 습관은 누구나 가지고 있다. 그런데, 여기에 또 힘을 보태 주는 독특한 생각 습관이 있다. '타당하지도 않고 도움이 되지도 않는 나만의 생각

이지만 그것을 철석같이 믿고 따르는 것'과 '잘 모르는 것을 참지 못하는' 생각 습관이다.

예를 들어 당신에게 누군가 자신의 고민을 이야기한다고 가정해 보자. 회사에서 어떤 직원이 적응을 잘 못 한다거나, 이럴 때 어떻게 해야 할지 잘 모르겠다고 말한다면 여러분은 어떻게 할까? 아마 대부분 곧바로 의견을 말할 것이다. 우리는 의견을 말할 때 스스로 조언을 해 줄 수 있을 만큼 알고 있다고 느끼고, 동시에 기억을 떠올려 상황을 그리고 가정하는 대로 판단을 해 버리곤 한다.

나만의 생각을 믿는 이런 특성을 보고, 뇌가 모르는 것을 싫어하기 때문이라고 말하기도 한다. 이처럼 우리는 마주치는 모든 것들에 대해서 직관적인 느낌이나 의견을 드러내고 이것을 믿는다. 그리고 그것에 지배당한다. 어떤 사람을 제대로 알기도 전에 좋거나 싫은 느낌을 갖고, 낯선 사람을 이유 없이 신뢰하거나 불신하기도 하고, 어떤 일에 대해 자세히 분석하지 않고도 성공 여부를 즉각적으로 판단하기도 한다.

대니얼 카너먼은 이러한 생각 언어의 특성에 대해 다른 정보를 고려하지 않고 '눈에 보이는 것을 전부라고 믿는 속성'이라고 말한다.

생각 습관 넘기가 어려운 이유

나쁜 습관은 다른 대안을 고려하지 못하게 한다. 자신의 상자 안에서 떠오른 그것만을 편협하게 고집하게 만드는 악당이 우리 안에 있다. 자신의 믿음을 뒷받침하는 정보만을 모으면서 상자 안의 삶을 어쩔 수 없는 것이라고 여기게 만든다. 이 악당이 내면 대화다. 이 악당을 넘어서기 위해 습관적 생각 언어를 다루는 방법을 익혀야 한다.

물론 뇌의 이런 특성에도 긍정적인 면이 있다. 불확실한 세상에서 생존하기 위해서는 모든 상황을 심사숙고하기보다 빠른 판단을 내리는 편이 유리하다. 갈팡질팡하지 않고 자신의 생각을 믿고 따르는 편이 생존에 유리하다. 인간은 아무리 어려운 상황에서도 희망을 가지고 살 수 있는 존재라고 말한다. 그럴 수 있는 이유에는 생각 습관이 가지는 믿음이 있다. 희망이 있다고 믿으면, 그 생각은 강력하게 인간을 지배할 수 있기 때문이다.

나쁜 습관이 만들어 내는 생각, 판단, 고민은 우리를 작은 상자 안에 계속 머물게 한다. 다양한 선택을 줄이고, 다른 가능성을 줄이기 때문이다. 있는 그대로의 삶을 경험하기보다는 생각 습관이 만들어 놓은 세계 속에 머물게 한다. 또한 그 작은 세계가 최선이라고 여기고, 그렇게 하는 것이 타당하거나 자신을 행복하게 만든다고 믿기 때문에 계속 머물게 된다. 다시 말해 그 생각 습관의 목소리가 최선이라고 받아들이고 있거나, 반대로 그 너머로 이끌어 줄 수 있는 새로운 생각을 믿지 않는 것이다.

생각 습관이 만들어 내는 생각을 믿고 그것이 나를 행복하게 해 준다고 판단하면, 당연히 다른 생각을 받아들이기 어렵다. 그러다 보면 무의식적으로 다른 생각이 나쁠 것이라고 상정하게 된다. 한쪽을 좋게 받아들이면 반대쪽은 나쁘다고 보는 뇌의 이분법 때문이다. 그러한 무의식적 판단은 결국 두려움을 만들어 내고, 불안이나 압박감, 걱정을 불러일으킨다. 그리고 생각 습관이 만든 생각을 옹호하는 기억과 경험을 떠올리게 한다.

예를 들어 자녀가 나쁜 성적을 받아오면 부모는 아이가 앞으로 계속 나쁜 성적을 받고 평생 힘들게 살 것이라고 받아들인다. 나쁜 성적 때문에 평생 힘들게 살 것이라는 생각을 옹호하는 사람들의 말이나 기억 등을 끌고 온다. 그러면 아이의 나쁜 성적은 두려움, 불안, 걱정으로 이어지고 결국 아이를 나무라는 것이야말로 본인이 할 수 있는 좋은 일이라고 받아들이고 화를 내게 된다. 우리는 이런 식으로 나쁜 습관이 만든 생각의 세계에서 살아간다.

그런데 생각 언어가 만들어 내는 뇌의 속임수를 따르지 않거나, 믿지 않는다면 어떻게 될까?

최근 화가 났던 상황을 한번 떠올려 보자. 화가 난 이유는 분명히 '이렇게 해야 한다.'는 규칙이나 믿음이 있었기 때문이다. 그 생각 언어를 믿고 당연한 것으로 받아들이면서 동시에 그렇게 하지 않으면 잘못될 것이라 생각했기에 화가 났을 것이다. 그런데 우리가 그 화를 만들어 내는 생각을 믿지 않는다면 어떻게 될까?

실제로 그 생각을 믿지 않는다고 하는 순간 마음이 고요해질 것이다. 그리고 잠시 동안 어떤 것에도 주의를 기울이지 않게 된다. 화가 날 때 '이렇게 해야 한다.'는 자신의 생각을 믿지 않으면 자유와 감정적인 편안함을 경험하는 것이다. 생각을 믿지 않으면 상황을 있는 그대로 다시 보게 만들어 준다. 그 상황에 적절한 대응 방법도 다른 차원에서 고려해 볼 수 있다.

생각 습관이 만들어 내는 거짓말을 믿지 않고 흘려보내면 우리는 지금 이 순간에 존재하면서 살게 된다. 생각 언어를 다루는 기술은 나쁜 습관을 넘어서는 것에도 도움을 주지만, 훨씬 나은 선택을 하는 데도 도움을 준다. 떠오르는 생각을 따라서 판단하는 습관에서 벗어나기 때문이다.

과잉반응, 감정착각, 감정 저장고를 비롯한 감정 습관의 배경에는 생각 습관 또는 부족한 믿음이 만들어 내는 즉각적인 판단이 있다. 그것들이 감정을 흔들기 때문이다. 뇌의 속임수는 생각 언어를 통해 우리를 이끌고 간다.

생각 언어를 다루는 새로운 습관은 그 속임수를 간파하고 속지 않는 방법을 익히는 것이 핵심이다. 이제 그 새로운 습관을 알아보도록 하자.

생각이 행복을 좌우하는 이유

생각 습관이 어떻게 내면대화에 영향을 미치는지 알아보기 위해 2가지 실험을 같이 진행해 보도록 하자.

첫 번째 실험은 다음 질문에 답을 달아 보는 것이다. 다음 문장을 완성해 보도록 하자.

> ○○을 할 때 나는 행복하다고 느낀다.

① 무엇이라도 관계없다. 강아지를 안고 있을 때나, 심지어 담배를 피울 때라고 해도 괜찮다. 최소한 10개를 찾아보자.

② 중요성에 따라서 행복 리스트에 순위를 매겨 보자. 이 실험을 하면서 덩달아 얻는 이점도 있다. 행복한 느낌을 경험하면서 엷은 미소가 지어진다는 점이다. 그러니 책을 읽는 동안의 지겨움을 날릴 요량으로 지금 책을 접고 5분만 투자해서 직접 해 보자. 그래야만 두 번째 실험을 제대로 수행할 수 있기 때문이다. 지금 바로 종이와 연필을 들고 써 보자.

자, 이제 여러분이 작성한 행복 리스트를 들여다보자. 아마 여러분의 리스트에는 평범한 순간 또는 사건들이 대부분일 것이다. 예를 들면 아침의 어느 순간, 자연을 느끼는 어느 순간, 가족과

지내는 어느 순간, 여행하던 중의 어느 순간, 사랑을 경험한 어느 순간들일 것이다. 그렇다면 이 모든 행복 리스트들의 공통점이 무엇일까?

바로 그 경험 자체를 온전히 받아들일 때라는 공통점이 있다. 그 경험을 할 때는 생각에 사로잡히는 시간이 없거나 분명히 최소한일 것이다. 부정적 생각이 없거나 반대로 긍정적 생각이 많을 때였을 것이다. 즉 행복은 이것은 이래야 한다거나, 부족하다거나 나쁘다거나 하는 생각이 없는 상태다. 여기서 중요한 것은 상황에 대한 부정적 생각이 없을 때라는 점이다.

'나는 실패자야.' '나는 뚱뚱해.' '집이 너무 좁아.' '일이 너무 힘들어.'라는 생각이 있다면, 당연히 지금 상황을 나쁘게 보게 된다. 만일 집을 살 때나 자동차를 사서 행복했다면, 바로 그 시점에는 큰 집이 필요다거나 좋은 차가 없어서 슬프다는 식의 부정적인 생각이 없었을 것이다. 그런데 똑같이 집을 샀지만 자신이 원하는 집이 아니라는 생각이 있거나 새 차를 구했지만 자신이 생각한 것에 미치지 못하다면 당연히 행복감을 느끼지 못할 것이다. 요점은 행복에는 생각이 중요한 결정적인 영향을 준다는 것이다.

이 부분을 잘 이해하는 데 서비스의 만족이론이 도움이 된다. 서비스에서 만족을 얻는 일이나 일상의 어느 순간에서 행복을 얻는 것이나 동일하기 때문이다. 행복을 느끼는 공식에는 다음 2가지가 중요하다.

첫째는, 그 순간에는 어떠해야 한다는 기대다.

둘째는, 실제로 일어나는 사건 또는 경험이다.

만일 경험하는 것이 기대와 일치하거나, 기대한 것보다 더 좋다고 느끼면 우리는 행복 또는 만족을 경험한다. 반대로 기대보다 못한 경험을 하면 불행을 느낀다.

기대 〈 경험 = 행복
기대 〉 경험 = 불행

앞서 확인한 행복의 순간에 대입해 보면 이 공식의 적합성을 확인할 수 있을 것이다. 기대라는 생각보다 경험을 온전히 체험할 때 우리는 행복해한다.

여기서 중요한 점은 이 '기대'가 상황이나 사람에 따라 다르다는 것이다. 같은 밥이라도 누구와 먹는지, 집인지 아닌지에 따라 다른 기대를 가진다. 누군가에게 아주 중요한 것이 다른 이에게는 아무렇지도 않은 이유도 이 기대가 서로 다르기 때문이다.

여러분이 찾은 행복 리스트는 어떤 경험을 할 것이라는 모종의 기대 때문이다. 기대란 '이것은 이래야 한다.'는 규칙 또는 일종의 믿음, 즉 '생각'이라고 할 수 있다. 기대가 생각 언어의 중요 내용이고 형식이다. 기대 때문에 우리는 상황을 다르게 보고, 행복과 불행을 느끼게 된다. 상황보다 기대가 행복을 좌우하는 핵심이란 것을 알 수 있다.

이런 사실이 어떤 의미를 지니는지 두 번째 실험을 통해 확인해 보도록 하자.

① **최근에 기분이 정말 나빴던 때를 한번 떠올려 보자.**
불편함을 느낀 경우도 좋다. 가능한 최근의 일이면 좋다. 사소한 일이라도 관계없다.

② **하나를 정했다면 이제 그 기분을 있는 그대로 느끼도록 해 보자.**
그때의 나쁜 느낌을 최대한 느낄 수 있도록 스스로 허용하자. 그때를 가능한 구체적으로 떠올려 보는 것이 좋다.

③ **충분히 느꼈다면 이제는 그 기분을 왜 가졌는지, 불편을 느끼게 된 이유를 곰곰이 따져 보자.**
탐정이 되어 내면대화가 말하는 '대사'를 주시해 보면 도움이 된다. 순간순간 떠오르는 생각들을 억누르지 말고, 그 생각들이 무엇인지 '대사'만을 주시해 보자. 그리고 그것을 적어 보자. 적지 않으면 휙휙 지나가는 많은 생각들이 무엇인지조차 모르고 지나치는 경우가 많기 때문이다. 하나하나 적어 보자.
어떤 생각이 나쁜 기분을 좌우하게 만들었는지 알아보는 것이다. 누가 보는 것도 아니기에 정직하게 종이에 그대로 작성하면 된다.

충분히 찾아보았다면 분명한 사실을 하나 확인할 수 있을 것이다. 앞서 말한 것처럼 어떤 생각들이 내 기분을 좌우했다는 사실이다. 불편함 이면에는 이래야 한다는 생각이 있다. 감정 앞에는 기대라는 생각이 있다. 이 생각이 불편을 만든다.

과거의 기억으로 인해 잘 안 될 것이라는 생각, 나는 이렇게 대우받고 싶다는 생각, 이게 꼭 필요하다는 생각, 그렇게 하지 않으면 나만 바보가 된다는 생각, 상대방이 틀렸다고 철석같이 믿고 있는 생각, 왜 내 마음을 몰라주는가 하는 생각들이 있다는 것을 확인할 수 있을 것이다.

이 2가지 실험을 정리하자면 행복 혹은 불편함 안에는 습관이 만들어 놓은 자동적 생각이 들어 있다는 결론이 나온다.

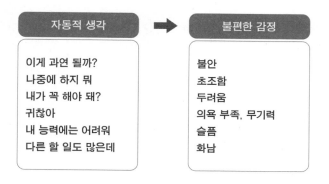

자동적 생각	➡	불편한 감정
이게 과연 될까? 나중에 하지 뭐 내가 꼭 해야 돼? 귀찮아 내 능력에는 어려워 다른 할 일도 많은데		불안 초조함 두려움 의욕 부족, 무기력 슬픔 화남

행복이나 불행이나 모두 앞선 생각들이 있다. 자동적 생각이 드는 순간 그에 맞는 감정이 따라온다. 그리고 이 자동적 생각은

우리가 살면서 경험한 고통들이 만들어 낸, 이것은 이래야 한다는 믿음들이다. 퍼뜩 떠오르는 자동적인 생각들에 따라 우리가 느끼는 감정이나 반응 그리고 삶의 결과는 너무나 달라진다.

불편함을 만드는 생각 언어들

일을 대할 때 우리가 흔히 경험하는 불편을 생각 언어가 만들어 내는 반응과 결과로 정리해 보았다. 여러분이 자주 경험하는 것과 어떤 것이 유사한지 돌아보면서 다음 유형을 살펴보도록 하자.

유형 1

생각 : 하지 않으면 안 되는 일이라고 생각한다.

반응 : 불안을 느낀다.(감정으로 확대됨)

　　　다른 일을 못 하게 될 거라는 불안, 고생할 것 같다는 예측불안, 일을 완벽하게 못 할 것 같다는 불안, 비판받게 되거나 한 일이 헛수고가 될 거라는 불안으로 펼쳐진다.

결과 : 의욕이 생기지 않는다. 빨리 처리하려고 하기에 결과가 신통치 않다. 게다가 나는 이런 일을 할 사람이 아닌데 하는 불만이 생겨 상황이나 다른 사람을 탓하게 된다.

유형 2

생각 : 내가 생각한 대로 되지 않았던 일이라고 생각한다.

반응 : 원래 내가 하려던 것에 대한 집착을 계속 떠올린다. 그리고 불편을 느낀다.(○○ 하고 싶었다. ○○ 했으면 좋겠다.)

결과 : 일을 하지만 마음이 혼란스럽다. 실망, 고민이 함께 뒤섞여 버린다. 결국 기분이 내키지 않아서 의욕이 생기지 않는다. 마찬가지로 일의 결과

가 별로다. 하는 동안 내내 무기력해진다.

유형 3

생각 : 일이 끝도 보이지 않고, 내 꿈과 다른 일이라고 생각한다.

반응 : 자료를 찾고, 책을 읽고, 고민하고, 계획을 세우고, 그러나 무기력하게 대응하고, 결과를 제대로 만들려는 욕구는 없다. 부정적인 기분에 사로잡혀서 일을 마치고 다른 약속을 만드는 것에 위안을 가진다.

결과 : 결국 스스로 생활 패턴이 무너지고 탈진하게 된다.

생각이 만들어 내는 기대가 현실을 있는 그대로 만나지 못하게 한다. 곡해하고, 불행을 과장하고 우리를 힘들게 한다. 기대가 만들어 내는 통속극에서 우리는 벗어나야 한다.

심리적 생각과 기능적 생각

살면서 경험한 아픔과 어려움, 그리고 사회적인 거대한 세뇌가 합쳐지면서 우리의 생각 언어가 구성된다. 이 생각 습관이 만들어 내는 생각 언어는 '심리적 생각'이다. 앞에서 살펴본 자동적 생각은 모두 심리적 생각이다. 심리적 생각은 무엇이 좋고 나쁜지 분별하는 경우가 대부분이다. 이런 생각들이 불편을 불러일으킨다.

그런데 이와 다른 생각인 기능적 생각이 있다. 기능적 생각은 우리가 문제를 풀거나 어떤 상황에서 어떻게 할지에 대해 대안을 모색하는 생각들을 말한다. 무언가를 만들거나, 해결하는 방법을 찾는 것은 기능적인 생각이다.

순수하게 기능적인 생각은 불편을 만들지 않는다. 그런데 대부분 기능적인 생각들이 심리적인 생각과 뒤섞이면서 문제가 생긴다. 다시 말해 우리가 기능적 생각이라고 여기는 것들은 심리적 생각에 의해 오염된 것이 많다. 예를 들어 오늘 하루에 이런저런 일이 있다는 것을 아는 것은 기능적인 생각이지만, '아, 힘들겠다.'고 하는 것은 심리적인 생각이다. 내가 해결하기에 벅찰 수 있다는 것은 기능적인 생각이지만, 이렇게 밀린 일이 많다니 이것은 내가 못나서 어쩔 수 없다고 생각하거나 내가 승진하면 이런 잡일은 없어질 것이라고 은연중에 판단하고 있다면 이미 심리적인 생각들로 오염되었다고 봐야 한다.

이런 심리적인 생각이 기대를 조작하고, 무의식적 믿음이나 습관적 내면대화를 만들면서 고통을 만들거나 불편이나 스트레스를 만드는 원인이 된다. 이런 심리적인 생각이 없거나 또는 믿지 않을 때 우리는 현재 순간을 경험하고 온전히 집중하면서 행복감 또는 충만감을 느끼게 된다.

심리적 생각의 중요한 특징이 하나 있다. 이건 좋은 것이고 그 반대는 나쁜 것이라고 구별한다는 점이다. 돈이 많고, 재미있고, 날씬하고, 사람들이 나를 인정해 주면 좋을 것이라는 생각이 들면 자연스럽게 그 반대는 나쁜 것으로 판단하게 된다. 심리적인 생각 안에는 내 삶의 고통과 흔적, 거대한 세뇌가 뒤엉켜 있다. 그리고 한쪽은 좋고 반대로 다른 쪽은 나쁘다고 하는 판단과 두려움이 함께 들어 있다.

이런 특성 때문에 부정적인 생각을 해결하기 위해 긍정적 생각을 하려는 노력들이 실패로 돌아가곤 한다. 긍정적인 생각을 하려고 하는 순간 부정적인 생각을 나쁘다고 전제하기 때문이다. 그리고 내면에는 또 다른 저항감이 만들어진다. 긍정적인 생각을 담을 수 있는 크기는 스스로 놓아 버릴 수 있는 부정적인 생각의 크기와 비례한다.

그렇다면 행복감을 좀먹고, 나쁜 습관과 부정적 감정을 이끌고 오는 이 생각 습관에 대해 어떻게 접근해야 좋을까?

새로운 생각을 선택하는 첫걸음

불편한 생각 언어를 넘어서기 위한 핵심은 바로 그 생각을 믿지 않는 것이다. 믿지 않고 그것을 흘려보내면 새로운 생각을 선택할 수 있다.

처음엔 이것이 무척 어렵게 느껴진다. 부정적인 생각은 전혀 도움이 안 되지만 생존본능과 뇌의 특성 때문에 그것을 계속 믿고 붙잡고 있는 경우가 더 많다.

뇌는 생각이나 감정을 믿고 따를 수 있도록 그것을 아주 중요한 것이라고 '과장'한다. 내 생각을 중요한 것이라고 과장하는 이런 뇌의 특성을 '유죄추정 원칙'이라고 한다.

형법에서 피고인이 유죄로 확정되기 전까지 무죄로 추정하는 것과 반대로, 뇌의 법에서는 무죄로 확정받기 전까지 유죄로 추정한다. 그것이 '진실이 아니다.'라고 스스로 받아들이기 전까지는, 그것이 옳다고 가정해 버리는 것이 뇌의 습관이기 때문이다.

위협이라는 느낌이 들면 아니라고 '확증'하여 받아들이기 전까지는 위협이라고 분류해 버린다. 우리 뇌는 아니라고 스스로 확정 짓기 전까지는 계속 다양한 속삭임을 통해서 우리를 속이도록 되어 있는 것이다.

자신의 생각이 틀릴지도 모른다고 인정하는 것은 본능적으로 어려운 일이다. 게다가 내 생각이 옳다고 느끼도록 만드는 또 다른 메커니즘이 하나 있다. 바로 쾌감이다. 우리는 정답을 알거나 맞추는 것이 '좋다'고 수없이 배워 왔다. 맞으면 칭찬을 받고 상을 받았다. 스스로 이것이 정답이라고 확신할 때엔 당연히 기분이 좋았을 것이다.

뇌의 과장하는 편향, 확증하려는 편향, 여기에 확신에 따른 쾌감까지 더해지면 어떤 생각이나 감정이라도 내 것이고, 중요한 것이고, 그것이 옳다고 믿게 된다. 내 생각이라고 철석같이 믿고 있으면 내면대화를 넘어서기 어려울 수밖에 없다.

예를 들어 어떤 사람을 이기적이라고 생각한다면 내가 생각한 것이 맞을 것이라고 전제하게 된다. 이 믿음(=생각 언어) 때문에 이기적이라는 정보를 크게 받아들이고, 기억을 조작하게 된다. 이 믿음을 강화하는 증거를 찾을 때마다 은연중에 '쾌감'을 느끼게 된다. 이런 과정을 수없이 반복하면서 우리는 그런 생각들을 철석같이 믿게 된다.

생각을 믿지 않게 되면 자연스럽게 감정은 조용해지고 생각이 꼬리에 꼬리를 무는 과정이 중지된다. 이와 반대로 뇌의 유죄추정 원칙에 휩쓸리면서 고민하게 되면 우리는 결국 뇌의 속임수에 걸려 넘어지게 된다.

뇌의 거짓말이 만들어 내는 그 제안을 계속 고민하는 것은 머릿속에서 그것을 떠올리는 것과 같고, 결국은 해야 할 이유들이 생각나 무너지고 만다. 알코올 중독자는 하루 종일 술을 '먹을까?'와 '아니다, 참아야 한다.'로 늘 보낸다고 한다. 그리고 마셔야 할 이유들을 찾아내고, 이것을 스스로 쌓으면서 결국은 먹게 된다.

시간이 지나고 돌아보면 '내가 왜 그랬을까?' 하는 실망감이 밀려온다. 다른 선택지가 시간이 지나서야 보인다. 시간이 지나서 드는 생각이 그 시점의 생각과 다르기 때문이다. 그래서 생각을 믿지 않는 관점은 새로운 습관이고 중요한 습관이다.

생각을 믿지 않는 것은 우리 뇌의 프로그램을 고치기 위해서 오류를 바로잡는 활동이다. 새로운 생각을 받아들이기 위해서는 기존의 생각을 놓아 버릴 수 있어야 한다. 그러기 위해서는 믿지 않아야 하고, 그 생각이 내가 아니란 점을 받아들일 수 있어야 한다. 비움과 놓아 버림의 첫 단추는 논쟁이 아니라, 생각을 믿지 않고 바라볼 수 있을 때 가능하다.

긍정적인 생각을 의식적으로 허락하려면 긍정적인 생각에 저항하는 생각을 부드럽게 그리고 점진적으로 놓아 버릴 수 있어야 한다. 저항하는 생각은 다름 아닌 그런 긍정적 생각에 대해 어렵다거나, 안 된다거나, 나랑 어울리지 않는다거나, 그렇게 하는 것은 불가능하다고 말하는 생각 습관이다. 생각 습관의 내면대화를 믿지 않을 때 점점 부정적인 감정을 경험하는 비중이 줄어들게 된다. 그렇게 우리는 더 행복한 순간을 자주 경험하게 된다.

조잘대는 악당 다루기

입력된 상태에 따라 선택은 수시로 바뀝니다.
당신은 어떤 때는 매우 너그럽고 어떤 때는 매우 옹졸합니다.
무엇이 입력되는가에 따라 계산되어 나오는 것이 바로 기분이죠.
— 마이클 가자니가

내면대화를 하루 종일 옆에서 떠들어 대는 친구라고 생각해 보자.

그 친구가 하는 말은 듣기 싫어도 전부 들어야 한다. 쉼 없이 지껄이는 내용을 보면 실망스러울 뿐이다. 부정적이고, 남들을 마음대로 판단하고, 자기 식으로 우기고, 음흉하기도 하고, 속 좁은 관점을 가지고, 혼자 삐치고, 아닌 척하고, 혼자서 망상에 빠지고, 두려움에 휩싸여 있고, 이상한 생각을 한다.

일을 하려고 하면 이런저런 딴생각으로 시간을 보내고, 불안해하고, 혼자서 끙끙거리고, 주변 사람을 몰아세우고, 그냥 멍하게 있자고 하면서 계속 나에게 말을 건다.

지나가는 사람을 판단하고 평가한다. 당신이 부자가 되기를 바라지만, 당신에게 돈은 나쁜 것이라고 말한다. 그리고 당신은 부유할 자격이 없다고 속삭인다. 그럭저럭 포기하면서 사는 것이 당연하다고 말한다. 그게 삶이라고 말한다. 강자에게 약하고 약자에게 강하게 보이면서 살아가라고 말한다. 중독 물질을 자꾸 권하고, 힘든데 그 정도는 괜찮다고 한다. 사는 게 다 그렇다고 속삭인다.

이런 친구가 24시간 붙어서 계속 말을 건다면 여러분은 어떻게 하는 것이 좋을까? 여러분은 이 친구를 어떻게 할 것인가? 아마 하루가 채 가기도 전에 그 친구를 쫓아 내려고 할 것이다.

내면대화도 마찬가지다. 바로 그 목소리를 믿지 않는 것이다. 단, 부드럽게 듣기는 듣되 믿지 않는 것이다.

자신이 제어할 수도 없고 그렇다고 없앨 수도 없다면, 그 생각이나 습관적인 감정이나 느낌을 내 것으로 받아들이지 않는 것이 좋은 대안이다.

누군가 내일 지구가 멸망한다고 말할 때, 그 사람을 믿지 않는다면 여러분은 그 소리에 영향을 받지 않을 것이다. 그런데 반대로 그 사람과 토론을 한다면 끝도 없는 논쟁에 휩싸일 것이다. 어쩔 수 없이 나타나는 내면대화에 믿지 않기로 반응한다면 더 이상의 토론은 없어지게 된다.

텔레비전 홈쇼핑에서 아무리 좋은 것이라고 외쳐도 내가 그 말을 중요하게 여기지 않고 놓아 버린다면 나의 욕구에 영향을 주지 않는다. 이렇게 하는 것이 '부드럽게 믿지 않는 것'이다.

여기서 잊지 말아야 할 것은 '부드럽게'의 중요성이다. 믿지 않는 태도로서 부드러움이 중요하다. 듣지만 너그럽게 '그렇구나.' 하면서 믿지 않는 것이다. '믿지 않는다.'가 강할 경우 무시하거나 나쁘다고 반응하게 된다. 부드럽게 믿지 않기가 아니면 생각이 더 많아지고 만다.

여러분이 내면대화를 부드럽게 믿지 않으면 불편함이 바뀌게 된다. 감정의 배경에는 생각이 숨어 있고, 생각이 사라지면 그와 관련된 감정이나 불편함, 괴로움도 사라지기 때문이다.

이제 불편감이 느껴질 때 그것을 만들어 내는 생각을 부드럽게 믿지 않는다고 접근해 보자. '믿지 않는다.'를 반복해서 말해 보자. 이렇게 하면 불편감이 사라지거나 확연히 바뀔 것이다. 그 생각을 믿지 않는다고 스스로에게 확언해 보면 안다. 감정을 만드는 생각을 믿지 않는다면 감정은 사라질 수밖에 없다.

우리는 습관적인 생각과 감정적 반응에 쉽게 휩쓸린다. 이 상태는 감정 습관, 생각 습관이 끌고 가는 그 지점을 '나'라고 받아들이는 상태다. 그러면 혼란을 경험하게 된다. 이것을 넘어서는 방법이 바로 이 새로운 습관이 지향하는 전환의 길이다.

생각 언어, 즉 습관의 내면대화가 도저히 믿을 수 없는 조언자라고 확신하는 것이 중요하다. 그것은 스스로 그 내면대화 때문에 얼마나 고통스러웠는지를 정확하게 인식하는가에 달려 있다. 계속 그 고통 속에서 살 것인가?

생각과 감정 믿지 않기

우리가 고통의 문제, 우리가 처한 현실,
있는 그대로의 삶을 제대로 이해했을 때 나올 수 있는
단 하나의 자연스러운 반응은
무엇이 오든 피하지도, 받아들이지도 않는 것이다.
― 아잔 브람

'생각 믿지 않기'라는 새로운 습관을 이해하더라도 뭔가 모를
저항을 느낄 수 있다. 마음 한쪽에서 그렇게 하면 문제가 생길 것
이라는 생각이 바로 올라오기도 할 것이다. 그만큼 내 감정과 생
각을 믿지 않는다는 관점은 쉽게 받아들이기 어렵다.

우리는 자신의 생각이나 감정을 믿는 태생적 습관을 가지고 있
다. 그러니 억지로 안 된다고 고민하지 말기를 바란다. 생각과 감
정이 내가 아니라는 점은 머리로 이해하는 것이 아니기 때문이다.

자신의 생각을 믿지 않으면 우리는 두려워지기도 한다. 부정적
인 생각들이 그나마 나를 붙잡아 줘서 내가 이만큼 살고 있다고
믿고 있기 때문이다. 부정적인 내면대화를 소중한 것으로 여기는
이유는 이 때문이다. 그런데 그 생각이야말로 나를 계속 안전지
대로 돌아가게 만든다는 사실을 직시해야 한다.

나를 이끄는 동력이 왜 불평, 분노, 좌절, 슬픔, 죄책감이어야

한다고 믿는 것일까? 괴로움을 만들어 내는 생각을 믿지 않으면 우리는 행복해질 것이다. 우리가 이미 행복하다면 여흥, 멋진 옷, 불편한 기분을 없애기 위한 그 많은 것들, 행복감을 느끼기 위해서 하려는 또는 해야 한다고 느끼는 것들이 필요 없어질 것이다.

새로운 관점을 받아들이는 데 도움이 되는 2가지 방법이 있다.

① '나는 제대로 알지 못한다.'는 것을 이해한다.

뇌의 속임수가 만들어 내는 생각에 혼란스럽게 다른 생각을 더하지 말고 딱 3가지로 구별해서 답해 보도록 하자. 바로 '그렇다' '아니다' '모른다'이다.

우리의 생각을 살펴보면 100퍼센트 확실하지 않다는 것을 알 수 있다. 이 경우 '내 생각이 사실인지 아닌지 알지 못한다.'는 것을 인정하면 된다. 하지만 대부분 우리는 잘 모르는데도 불구하고 그것을 당연한 것으로 만들어 버린다. '진실이다(참)'와 '진실이 아니다(거짓)'의 양극단의 중간에 대부분의 생각이 위치한다. 그리고 그 만들어진 진실을 시작점으로 해서 다른 생각을 더 하는 것이 심리적 생각의 실제다. 허구에 허구를 더하는 것이다.

그 생각이 진실인지 묻는 새로운 습관을 들이자. 그리고 잘 모른다는 사실을 받아들이자. 내면대화가 떠들 때 꼬리표를 붙이고 나는 잘 모른다고 되뇌어 보자. 잘 모른다는 사실을 받아들이게 되면 그 생각을 믿지 않는 일이 자연스러워진다.

② 생각을 거꾸로 이용한다.

우리가 자신의 생각을 진실이라고 믿을 때 사용하는 근거들은 편향되어 있거나 과거의 부적절한 기억들인 경우가 많다. 우리 뇌는 유죄추정 원칙 때문에 별것 아닌 몇몇 근거나 기억들을 통해 그냥 믿어 버린다.

그렇다면 이런 뇌의 특성을 거꾸로 이용하는 것이다. 이 습관적 생각에 반대되는 생각이 진실일 수 있는 이유와 예시를 몇 개 찾아본다. 그러면 문득 이 생각을 믿지 않아야 하는 관점을 선택할 수 있게 된다.

지금 이것이 나쁘다고 한다면, 좋을 수도 있는 이유나 예를 찾는 것이다. 이런 과정에서 부정적인 생각이 사실인지 아닌지에 대한 확신이 없다는 것을 깨닫게 된다. 잘 모른다와 함께 그 반대의 가능성에 대해 생각하면 믿지 않는 것이 더 당연하게 느껴질 것이다.

예를 들어 당신의 상사가 성격이 나쁘다는 생각이 든다면, 반대로 친절하게 대했던 상황들을 생각해 보자. 지금 하는 일이 싫다고 한다면 이 일에서 내가 좋아하는 부분을 생각해 보자. 그리고 느낌을 비교해 보자. 저 사람이 미워진다면 그 사람이 좋았던 기억과 긍정적인 경험을 떠올려 보도록 하자.

너무나 걱정하던 상황이 자고 일어나 보니 그렇게 걱정할 것이 아니라고 느낀 경험을 누구나 한 번쯤은 해 보았을 것이다. 생각 언어가 바뀌면 이렇게 감정이 바뀌게 된다. 우리가 사랑에 빠지는 이유도 이와 비슷하다. 사랑에 빠지면 왜 그 사람의 부정적인 면이 보이지 않게 되는 것일까? 사랑 때문에 긍정적인 사건들이 부정적인 것들을 밀어내기 때문이다.

이 새로운 습관을 적용하다 보면, 어느 순간 습관적 생각이 진실이라고 확신하기보다, 하나의 관점으로 대우하는 것이 더 나은 것임을 체득하게 된다. 그리고 부정적 생각 언어를 믿지 않는다는 관점이 자연스러워진다. 내면대화의 거짓말을 더 잘 간파하는 자신을 발견할 수 있을 것이다.

내면대화를 넘어서는 법

자신이 왜 그런 행동을 했는지 이해가 되지 않아 혼란스러울 때는 그런 행동을 하게 만든 우리 안의 믿음을 찾아 거슬러 올라가 보자. 우리는 믿음이 시키면 바보처럼 보이는 짓도 얼마든지 할 수 있다.
— 조 바이텔리

내면대화의 감정과 생각을 믿지 않는 효과적인 방법은 '드라마를 보는 것처럼 주시하기'와 '유머와 예셍을 같이 병행하기'다.

드라마를 보듯이 '대사'를 관찰하면서 예셍하고 수용하는 것을 병행하는 것이다. 늘 그렇게 부정적이고 통속적인 드라마로 나를 보호하려는 그 목소리에 유머로 대하는 것이다.

처음에는 불편을 드라마처럼 바라보면서 그 불편함을 만드는 대사(=생각 언어)를 관찰한다. 지금 느끼는 불편함을 유발한 생각이 무엇인지 추적해 보자. 이런 의식적인 행위(새로운 습관)만으로도 우리는 불편한 느낌에서 한발 떨어져 냉정을 찾을 수 있는 '공간'을 마련하게 된다. 게다가 뇌의 활성화 방향도 바꾸게 된다. 생각과 감정의 관련성을 찾는 과정에서 우리는 뇌의 문제 해결 영역을 사용하게 된다.

그리고 예셍을 적용하자. 오직 걱정이나 분노, 엉뚱한 욕구가 말하는 것에 '그렇게 생각하는구나, 그렇게 느끼는구나. 그리고 또 있니?'라고 맞장구치는 것이다. 보통 코미디 프로그램에 보면 누군가가 아무리 이상한 이야기를 한다고 해도 '그렇구나, 그래서?'로 답변하는 경우가 종종 있다. 이럴 경우 우리는 자연스럽게 웃게 된다.

그런데 이런 알아차림을 하다 보면 경험이 자주 반복된다는 것을 알 수 있다. 이럴 때 유머가 효과적이다. '너 참 수고가 많다! 나에게는 이렇게도 나를 지키려는 놀라운 기제가 있다니!' 하면서 유머로 웃어넘기는 것이다. 유머가 과잉반응을 낮춰 버리게 한다.

호킨스 박사는 이렇게 말한다.

"하나도 무서울 것이 없다. 무의식이 이미지를 다루는 방식이 그럴 뿐이다. 내가 형편없는 인간이거나 범죄자가 될 가능성이 있다는 의미가 아니다. 인간의 동물적 마음이 무의식 차원에서 어떻게 움직이는지를 정직하게 직시했을 뿐이다."

길을 가다 문득 또 올라오는 경쟁의 목소리와 그 안에 숨은 두려움, 비교하면서 그 안에 숨은 두려움, 남을 비하하면서 그 안에 숨은 나약함은 여러분 자신이 아니다. 단지 습관의 뇌가 만들어 놓은 방어기제일 뿐이다. 그러니 웃어넘기자.

이 방법을 사용하면 내면대화가 계속되는 심리적 악순환을 멈출 수 있다. 새로운 습관의 핵심인 감정이나 생각을 믿지 않고 다룰 수 있다. 이 훈련이 익숙해지면 우리 뇌는 습관적, 반복적으로 나타나는 뇌의 속임수를 더 잘 파악할 수 있게 된다. 어느 순간 웃으면서 '이제 그 멍청한 짓을 그만하고 이제 더 좋은 생각을 하자.'고 자연스럽게 권할 수도 있다.

이것을 4단계로 요약해 보자.

① **1단계 : 원치 않는 감정을 알아차리자.**
불편한 느낌을 알아차려야 생각을 확인해 볼 수 있다. 불편한 느낌에 대한 감정 언어 다루기 기법을 여기에 적용하면 좋다.

② 2단계 : 불편함을 만들어 내는 어떤 생각을 하고 있다는 사실을 인식하고, 그 생각이 무엇인지 찾아보도록 하자. 예씽을 기억하자. 유머를 적용하자.

감정의 바탕에는 생각이나 믿음 또는 이것은 이래야만 한다는 판단, 과거의 아픈 기억들이 들어 있다. 구별하기 어려운 경우도 있지만 이것 모두가 바로 생각들이다. 우리가 앞서 언급한 도식을 떠올려 보면 도움이 된다.(자동적인 생각 ⇒ 감정반응)

이때 처음에는 생각들을 자유롭게 적어 보는 것이 좋다.(15분 감정 적기를 여기에 적용해도 좋다.) 이 생각은 규칙처럼 'ㅇㅇ은 이렇게 되어야 한다.'거나, '이것이 좋은 것이다. 이것은 나쁜 것이다.'라는 식의 호불호 반응인 경우가 대부분이다.

③ 3단계 : 생각이 부정적인 감정을 만들어 내고 있다는 사실을 받아들이고, 그 목소리를 믿지 않는다.

그 생각이 습관으로 만들어진 것이고, 방어적인 것이고, 아픈 기억이라는 사실을 명확하게 인식한다. 그 생각이 개인사가 만든 한계임을 알고 믿지 않기를 선택하는 것이다.

이를 실천하기 위한 좋은 방법 중 하나는 부드럽게 '믿지 않는다.'고 꼬리표를 붙이는 것이다. 내면대화를 하나의 객체로 인식하자. 이름을 붙이거나 하루 종일 떠드는 친구라고 객관화하는 것이 도움이 된다. 그 친구의 말을 믿지 않는다면 어떻게 될지를 떠올리는 것도 도움이 된다.

이 과정을 거치면 '그 생각이 없다면 무엇을 할 것인지' 찾을 수 있는 내면 공간을 만들게 된다. 생각 너머의 소망을 발견할 자유를 얻게 된다.(소망 발견법은 다음 장에서 따로 다룰 것이다.)

④ 4단계 : 새로운 생각을 선택한다.

자신을 행복하게 해 줄 소망을 발견하거나, 행복하게 해 줄 생각을 선택한다. 앞선 3단계를 거치고 나면 전환의 길을 선택할 수 있는 상태로 바뀔 것이다. 이 상태는 단지 긍정적인 생각을 하는 것과는 다르다. 부정적인 생각을 놓아 버리고 새로운 생각을 선택하는 것이기에 그 효과도 다르다.

이런 과정이 반복되면 당연히 행복 수준이 높아진다. 부정적이고 자기 한계적인 습관적 생각을 진실이라거나 소중하거나 꼭 따라야 할 것이라고 믿는 데에서 벗어나게 된다. 습관적 생각을 믿지도 않고 진실도 아니라고 부드럽게 바라보면, 부정적인 것에 주의를 주는 태생적인 습관에서 조금씩 벗어날 수 있다.

새로운 습관이 익숙해지면 자신이 느끼는 불편함의 원인을 타인, 상황, 사건으로 보는 습관적 반응들이 줄어든다. 물론 새로운 습관을 적용해도 계속 떠오르는 부정적인 생각들이 많을 수 있다. 그렇다고 해도 실패는 없다는 사실을 기억하자. 새로운 습관에 집중하면 분명히 떠오르는 생각이나 기억도 훨씬 빨리 놓아 버릴 수 있고 점점 편안해지게 될 것이다.

이런 변화 과정에서 스스로가 생각이나 판단, 즉 머릿속 삶을 계속 살고 있었다는 사실을 온전히 인정하게 될 것이다. 의식하지 못하면서 계속 습관적인 꼬리표를 붙이며 살고 있었다는 것을 더 많이 더 자주 발견할 것이다. 스스로 무의식적인 삶을 살아왔다는 것을 깨닫게 되면서, 우리는 더 나은 삶을 선택하면서 발전하게 된다.

생각에 거리감 두기

'생각을 믿지 않는다.'의 반대는 생각에 매달려서, 그 생각이 되어 버리는 것이다. 그 생각이 '나'이고, 소중한 것이고, 해결해야 할 문제라고 느낀다. 이런 덫에서 벗어나기 위한 유용한 방법은 생각에 거리감을 두는 것이다.

1) 생각에 완전히 붙들려서 갇히게 될 때, 화이트보드 또는 큰 종이와 펜을 준비하고 다음과 같이 제목을 크게 써 보자.
   '나의 마음이 ○○에 대해 나에게 말하고 있는, 도움이 되지 않는 생각들'
   빈칸에 드는 생각을 적어 보자. 예를 들어 '나의 일을 제대로 하기 어렵다고 말하는, 도움이 되지 않는 생각들'이라는 식으로 쓰면 된다.

2) 제목 밑에 그 생각에 갇히게 하는 모든 생각 목록을 큰 글씨로 적어 보자.
   '나는 이것을 할 수 없어.' '나는 돈을 벌어야만 해.' '그런 것을 배우기에는 너무 늦었어.' 등 위의 내용에 대해 떠오르는 생각들을 모두 쓰면 된다. 말도 안 되고, 바보 같고, 하찮아 보이는 온갖 생각들을 반드시 다 기록하자.

3) 모두 작성했다면, 펜을 내려놓고 몇 발자국 뒤로 물러서서 이렇게 스스로 말하자.
   "이것들은 단지 생각일 뿐이야. 이것들은 내가 아니야. 나는 이 생각 이상이야."

4) 당신과 이런 도움이 되지 않는 생각들 간의 거리를 느껴 보자. 더 큰 거리를 느끼기 위해 더 멀리까지 뒤로 물러서 보자. 당신의 생각과 연결이 느슨

해지는 것을 느낄 수 있을 때까지 몇 걸음 뒤로 물러서거나 여러 번 말해 보자.

5) 이제 이러한 생각들이 어떻게 느껴지는가?

청소가 필요하다

새로운 습관은 내면대화와 새로운 관계를 맺는 것이다. 끌려 다니는 것을 넘어선 새로운 관계는 1) 습관임을 알고, 내면대화의 충고에 마음을 뺏기지 않는 것이 좋은 것임을 완전히 체득한다. 2) 나쁜 습관은 없다는 것, 즉 오직 약한 마음이 만든 임시적인 해결책임을 아는 것, 뇌의 한 부분은 그렇게 기능하기에 좋고 나쁨으로 판단하지 않고, 자신이 바보 같고, 나는 왜 이럴까 하는 반응을 하지 않는 것이다. 3) 결국 그런 습관적인 내면대화를 믿지 않는 것이라 할 수 있다.

특히 내부의 이 '말썽꾼'을 제거하는 것을 진정으로 원해야 한다. 이 간절함이 모든 것을 해결하는 중심축이 된다. 그럴 때 이 책에서 제시하는 새로운 습관들이 의미를 지닌다. 정확하게 받아들이면 작고 미묘한 첫 내면대화가 올라올 때 빨리 그것을 알아차리고 놓아 버릴 수 있다. 더 빨리 알아차리고 놓아 버리면, 당연히 쓸데없는 에너지 낭비가 줄어든다.

물론 이 과정에 어려움도 있다. 주목해야 할 어려움은 많은 고통을 경험할 수 있다는 점이다. 마음이 습관이라는 구조물을 만들 때 고통을 피하기 위해 만들었기 때문에, 그것을 해체하다 보면 쌓아 둔 많은 고통을 불러온다. 한 가지를 해결했더니 그 너머에 또 다른 고통이 발견될 수도 있다. 그러나 이 고통 '너머'에 해방이 있다.

습관이 만든 그물에 뭔가 걸린다는 것은 아직 풀어야 할 것이 남아 있다는 뜻이다. 그것을 놓아 버리는 과정 하나하나가 자기를 정화하고 청소하는 과정이다. 이 청소를 통해 '모든 습관의 저항'이 조금씩 해체된다. 내면에 쌓아 둔 자신의 방어막을 청소해야 한다. 쌓아 둔 에너지를 해방시켜야 한다. 그러면 자연스럽게 상위의 의식으로 다가가게 된다. 청소에만 집중하자. 매 순간 그렇게 한다면 늘 행복을 선택하는 것이 된다. 불행과 불편을 만드는 생각을 믿지 않으면 바로 지금 행복할 수 있다.

원치 않는 감정을 느낄 때, 우리는 즉각적으로 타인 또는 상황을 탓하곤 했다. 평생 감정은 상황 탓이라고 계속 세뇌되어 왔고, 뇌의 이야기를 자동적이고 무의식적으로 믿어 왔다. 이제 습관적인 생각에 이의를 제기하는 법을 알았기 때문에 달라질 수 있다. 물론 새로운 습관을 잃어버렸다가 한참 지난 뒤에서야 떠올릴 수도 있다. 그러나 이 새로운 습관을 여러 차례 거치고 나면, 불만을 느낄 때마다 새로운 습관을 사용하는 법을 기억해 내게 될 것이다. 어느 순간부터는 시간과 노력을 거의 들이지 않고도 생각을 믿지 않는 과정, 감정을 가만히 바라보는 과정, 소망을 발견하는 과정을 자연스럽게 하게 될 것이다.

그러면 이제 사람이나 상황, 사건이 아니라 자신의 반응에 집중하게 된다. 감정 반응이 생각에 의해 만들어졌음을 즉각 인식할 수 있다면 우리는 더 나은 것을 선택하고, 행복하고 진실한 삶을 살아가게 될 것이다. 처음에는 새로운 습관으로 문제제기를 하는 데 오랜 시간이 걸리고 혼란스러울 수도 있지만, 점점 나아지고 생각을 믿지 않는 데 몇 초도 걸리지 않는다.

불편함을 신호이자 이용해야 할 나의 과제로 받아들이자.

부정적 감정을 알아차리고, 여기에 질문을 해 보자. '이 순간 내가 무슨 생각을 믿고 있지?'라고 질문을 던져 보자. 그동안 자신도 모르게 만들어 온 안전지대, 내가 불가능하다고 여긴 것, 또는 어쩔 수 없다고 믿고 있던 것들을 넘어서도록 하자. 많은 시간 동안 우리가 생각의 감옥에서 그것을 유지하기 위해서 엄청난 양의 에너지를 낭비하고 있었다는 엄중한 진실을 발견하고 그것을 넘어서자.

에크하르트 톨레는 『삶으로 다시 떠오르기』에서 다음과 같이 말했다.

"자신 안에 불행이 있다면 먼저 그 불행이 거기에 있음을 알아차려야 한다. 하지만 '나는 불행하다.'라고 말하지 말라. 불행은 당신 자체와는 아무 관계가 없다. 그러므로 '내 안에 불행이 있다.'라고 말하라. 그런 다음 그것을 살펴보라. 당신이 처해 있는 상황이 그 불행과 관계있을지 모른다. 상황을 변화시키거나 상황으로 벗어나기 위해 행동이 필요한지도 모른다. 자신이 할 수 있는 일이 아무것도 없다면 있는 그대로와 대면하라. '지금 당장은 이것이 현실이다. 이 상황을 있는 그대로 받아들이는 것도 그것 때문에 불행해지는 것도 나의

선택에 달린 일이다.'

불행의 주요 원인은 결코 상황이 아니라, 그 상황에 대한 당신의 생각이다. 자신이 하고 있는 생각을 알아차려라. 생각을 상황으로부터 분리시켜야 한다. 상황은 언제나 중립적이며, 언제나 있는 그대로다. 한쪽 편에는 상황이나 사실이 있고, 다른 한편에는 그것에 대한 나의 생각이 있다. 이야기를 만들어 내는 대신 사실과 함께 머물도록 해야 한다. (…) 사실과 대면하면 반드시 힘이 솟아난다. 그것은 이야기를 만들어 내는 대신 있는 그대로와 마주함으로써 가능하다."

<u>7장</u> HOH 5 = 숨겨진 소망 발견하기

자신감이 낮다는 것은 스스로 지금의 삶을
잘 받아들이지 못함을 의미한다.
이것은 이런저런 일들이 잘못되었다는 느낌이 아니라
'인간으로서의 자신이 잘못되었다.'는 느낌이다.
— 나다니엘 브랜든

불편을 도전과제로 받아들이고, 나를 막아서는 감정 언어, 생각 언어를 다루는 새로운 습관을 알아보았다. 이제 마지막으로 나쁜 습관 안에서 나를 '너머'로 이끌어 주는 에너지를 찾아보도록 하자. 이 새로운 습관은 나쁜 습관 안에 숨은 보물을 찾을 수 있게 해 준다.

심리학자들은 행동의 이면에는 모두 '긍정적 동기' 또는 '성장의 동기'가 있다고 말한다.

제아무리 부정적인 행동이라 할지라도, 들여다보면 긍정적 의도가 분명히 있다. 엄마에게 툴툴거리는 아이는 단순히 엄마에게 짜증을 내는 게 목적이 아니다. 엄마에게 바라는 무엇인가가 있고, 그것이 충족되지 않아서 그리고 그것이 충족되었으면 좋겠다는 소망이 부정적 방법으로 드러난 것이다.

다른 사람을 비난하고, 나쁘게 해석하는 일도 똑같다. 좌절된 자신의 욕구에 비극적인 방법으로 대응한 것이다. 어떤 사람이 "넌 나를 절대 이해 못 해!"라고 했다고 하자. 그의 드러난 행동은 비난이지만, 실제는 이해받길 바라고 인정받기를 바라는 그 욕구가 충족되지 않았던 것이다.

아내가 남편에게 "당신은 정말 일밖에 몰라."라고 비난한다면, 긍정적인 의도는 가족을 위해 더 좋은 관계를 원하는 마음이다. 이 '긍정적 의도' 즉 진정한 소망을 직시한다면 당연히 대응하는 방법은 달라질 수밖에 없다.

아이에게 불같이 화를 내는 이유는 '아이가 틀렸다.'는 점에 대해서가 아니라 그렇게 하면 더 안 좋아질 것이라는 부모의 두려움 때문이다. 부모가 가지는 그 두려움 깊은 곳에는 아이가 행복하기를 바라는 욕구가 있다. 이 '긍정적 의도'를 깊이 받아들이면 어떻게 될까? 분명히 아이에게 더 자유를 주고, 더 이해하려고 하게 될 것이다. 이 욕구를 정확하게 몰라서, 또는 내 마음속 불편을 다룰 방법을 몰라서 그냥 아이에게 화를 내고, 아이에게 부정적인 내면대화를 심어 주는 우리의 모습이 가슴 아플 뿐이다.

알코올 중독자는 자신 있게 자기를 나타내고, 그 고통을 넘어서기 원한 것이 아닐까? 술을 먹고 난 뒤 느끼는 자신감을 평소에도 느끼고 싶었던 것이 아닐까? 성 중독자는 완전한 만남을 통해 인정받고, 계속 소외되어 있는 자신의 외로움을 넘어서기를,

완전히 자신을 드러낸 그 벌거벗은 상태를 공감받기 원하는 게 아닐까? 일 중독자는 스스로의 존재 가치를 인정받고 싶은 것 아닐까? 오직 성공해야만 그런 인정을 받을 수 있다고 믿었기 때문에 계속 일 중독에 빠진 것이 아닐까?

자기 방어적인 나쁜 습관에 대한 새로운 관계 맺기는 '긍정적 의도'를 찾아내면서 시작된다. 어떤 나쁜 습관이라도 그 안에는 소망이 숨겨져 있다. 그것이 엉뚱한 방향으로 드러났을 뿐이다. 그 에너지를 긍정적인 방향으로 바꾼다면 당연히 전환의 길에 훨씬 빨리 다가갈 수 있다. 이 숨겨진 소망을 어떻게 발견할 수 있는지 알아야 한다. 내면대화를 통해 숨겨져 있는 동력을 찾아내는 방법이기 때문이다.

습관의 숨은 보물

비폭력 대화로 널리 알려진 마셜 로젠버그가 감옥에서 재소자들에게 강의할 때 다음과 같은 질문을 던졌다고 한다.

"그런 일을 함으로써 어떤 욕구가 충족되었습니까?"

재소자들은 당연히 황당해했다. 단 한 번도 그런 질문을 받아본 적이 없었기 때문이다.

재소자들에게 마셜 로젠버그는 또 다시 질문을 했다.

"그 일을 할 때 당신이 어떤 욕구를 충족시키려 했던 건지 알고 싶습니다."

당황한 재소자들은 이렇게 답했다.

"그야 제가 변태라서 그런 거죠."

재소자의 답변에 로젠버그는 이렇게 말했다.

"지금 당신이 말한 건 당신이 스스로를 어떻게 생각하느냐 하는 것입니다. 제가 묻는 건 그 일로 당신의 어떤 욕구가 충족되었느냐 하는 것이고요."

재소자들은 이 질문에 짜증스러워했다. 그리고 이렇게 말했다.

"대체 무슨 수작을 부리는 거요?"

마셜 로젠버그는 다시 차분하게 이렇게 설명했다.

"저는 당신이 그 일을 한 이유가 저와 별반 다르지 않다고 믿습니다. 그러니까 욕구를 충족시키기 위해서 당신이 가장 잘 아는 방식대로 한 거죠. 저도 매 순간 그렇게 합니다. 그래서 확신컨대, 만약 그런 일을 함으로써 당신의 어떤 욕구가 충족되었는지 알아낼 수만 있다면, 당신 스스로와 다른 사람들에게 그토록 고통을 안겨 주지 않아도 그 욕구를 충족시킬 다른 방법을 찾을 수 있을 것이라 봅니다."

마셜 로젠버그는 우리가 예상할 수 있는 가장 나쁜 행동까지도 다르게 접근한다. 그 방법(=나쁜 습관) 말고 다른 방법을 선택하는 법을 제시한다. 바로 진정으로 원한 욕구를 들여다보는 것이다. 로젠버그가 말하는 핵심을 한마디로 요약해 보자.

"모든 느낌은 충족되거나 충족되지 않은 욕구를 알려 주는 신호다."

우리의 내면대화가 겉으로 드러난 빙산의 윗부분이라면, 아랫부분에는 바로 진정한 욕구가 자리 잡고 있다. 돌아보면 분명히 나쁜 습관은 깊은 내면 욕구가 충족되지 않아서 비롯된 것임에 분명하다. 그래서 불편함을 다른 방법으로 기분 좋게 하려 한 것이 나쁜 습관이다. 내 욕구가 현실적 상황과는 서로 맞지 않아서 불만을 느낀 것이다. 그렇다면 부정적 내면대화를 깊이 들여다보고 욕구를 들여다봐야 한다.

진짜 하고 싶은 것

이 욕구를 찾는 방법은 아주 쉽다. 바로 질문을 던지는 것이다. 의식적으로 질문을 던지는 것이 숨은 보물을 발견하는 새로운 습관의 핵심이다. 그 질문은 '사실은 무엇을 하고 싶은가?'다. 코칭에서는 이 질문을 너무나 중요한 질문이라는 의미로 '궁극의 질문'이라고도 말한다. 21세기 영적 스승으로 인정받는 바이런 케이티는 정말 하고 싶은 것을 찾으려 할 때 이렇게 묻는다.

"지금 그런 생각이나 감정이 없다면(믿지 않는다면) 당신은 어떻게 할 것인가? 무엇을 선택할 것인가? 지금과 똑같은 방식을 선택할 것인가?"

이 질문은 내면대화 속에서 우리가 복잡하게 고민하는 것을 아주 간단하게 풀어 준다. '내면대화를 믿지 않고 그것이 없다면 당신은 무엇을 할 것인가?'라고 묻는 것이다. 이 단순한 질문은 엄청난 힘을 가진다. 이 핵심 질문을 좀 더 현실에 적용하기 쉽게 다음처럼 스스로에게 던져 보자. 일명 '마술봉 질문'이다.

"지금 마술봉이 있어서 그것을 흔들면 당신이 고군분투하던 생각이나 감정이 더 이상 당신에게 아무런 문제가 되지 않게 된다. 자, 이제 마술봉을 흔들었다. 이제 무엇을 어떻게 할 것인가? 무엇을 시작하거나 더 할 것인가? 다른 사람들을 어떻게 대할 것인가? 직장과 집에서, 그리고 휴식 시간이나 주말에 어떻게 다르게 행동할 것인가?"

다음에 제시되는 문장을 스스로 채워 보자.

만일 _____이 내게 그렇게 문제 되지 않는다면,

나는 _____을 할 것이다.

만일 내게 _____이 없다면,

나는 _____을 할 것이다.

예) 만일 분노가 내게 그렇게 문제가 되지 않는다면, 나는 더 친밀한 관계를 맺을 것이다.

만일 내게 그렇게 많은 스트레스가 없다면, 나는 내 경력을 위해 더 열심히 일할 것이며, 항상 꿈꿔 오던 직업을 찾으려 노력할 것이다.

만일 내게 불안이 없다면, 나는 더 많은 곳을 여행하고 삶에 더 온전히 뛰어들 것이다.

만일 내가 사람들을 믿기 어려워하는 그 생각이 없다면, 나는 공감하고 이해하면서 그들을 믿고 같이 일을 더 잘할 것이다.

('억지로 할 수밖에 없다.'는 생각이 없다면 '당신은 어떻게 하고 싶은가?'라고 물어볼 수도 있다.)

이 질문에 대한 정답은 없다. 모든 사람들이 지니는 독특한 경험과 그 안에 숨겨진 소망이 조금씩 다르기 때문이다. 그래서 이 질문에 대한 답은 오직 스스로가 찾아야 한다.

이 핵심 질문을 이용할 때 다음 2가지 사항을 중요하게 기억하자.

첫째, '정말로 원하는 것'을 찾으려면 생각 언어가 아닌 감정 언어를 통해 확인하는 것이 좋다.

감정 언어에 질문을 던지려면 필요에 따라서 감정 저장고를 비우는 것이 먼저일 수 있다. 감정에 질문을 던질 마음의 공간이 필요하기 때문이다. 감정을 먼저 수용하고 난 다음에 질문을 이용해야 된다는 점을 기억하자.

우리가 앞서 살펴본 '상사의 지시니까 어쩔 수 없이 따라야 한다.'는 것은 생각 언어다. 그런데 감정 언어가 '이렇게 하는 것은 지긋지긋해.'라고 한다고 가정해 보자. 이 느낌의 언어에만 주목하자. 그리고 그 느낌에 질문을 던져 보는 것이다.

'지긋지긋한 그게 아니면 무엇을 하고 싶은데?'

이럴 경우 누군가는 '더 고민해서 제대로 된 결과를 만들고 싶다.'일 수 있고, 또는 '지시하는 대로가 아니라 같이 의논하면서 더 집중하면서 일하고 싶다.'가 발견될 수도 있다.

그러면 '제대로 된 결과나 더 집중하면서 일하고 싶은 이유가 뭔데?'라는 질문을 또 해 보자. 그러면 '내 능력을 펼치기 위해' 또는 '더 나은 성과를 통해 더 가치 있는 것을 하고 싶다.' 등을 발견할 수도 있을 것이다.

이렇게 감정 언어에 주목하고 그것에 질문을 던져 보면 우리는 상위의 소망을 발견하게 된다. 내 안에 숨은 '너머'의 욕구를 발견하게 된다. 흔히 가슴이 길을 알려 준다고 하는 이야기가 바로 감정 언어를 이르는 말이다.

숨어 있는 진정한 욕구를 발견하고 이것을 중심으로 대안을 고민한다면 어떻게 될까? 다른 대안들이 눈에 들어오게 된다. '상사의 지시니까 따라야 한다.'는 내면대화가 만든 작은 틀에서 고통을 어쩔 수 없이 감내하는 것을 넘어서게 된다. 일을 대하는 관점 자체가 바뀌게 된다.

누구라도 일을 할 때 진짜 자신을 위해 일한다면 단지 일을 처리하는 수준에 머물지 않게 된다. 모르는 부분을 더 고민하고, 일을 통해 얻고자 하는 것을 더 고민하다 보면 다른 방법을 적용하는 것이 좋겠다는 아이디어가 떠오를 수도 있다. 처리하려는 목적을 가진 채 보내는 시간과 다른 상위의 목적을 받아들이고 일을 할 때는 다를 수밖에 없다. 같은 시간이라도 이 순간에 온전히 집중하는 시간이 될지, 단지 고통을 견디는 시간이 될지에 따라 그 모양은 이렇게 달라진다.

우리가 습관적 생각 언어에만 따라가면 1) 강요당하는 느낌으로 일을 하게 되고 2) 행동은 늘 지침과, 피곤함으로 나타나고 3) 결과적으로 '나는 역시 안 돼.' '생각이 정리가 안 돼.' '시간 안에 끝낼 수 있을까?'로 그치기 쉽다. 생각 언어 안에 숨어 있는 규칙이 주는 강제력 때문이다. 생각 언어가 '○○해야만 한다.'는 규칙을 전제로 한 경우가 많기에 소망을 발견하기보다는 '어쩔 수 없이 해야 한다.'로 귀결되는 것이다.

그러니 꼭 기억하자. 소망은 감정 언어에 질문을 던져야 하고, 이것을 위한 첫 단추는 감정을 안아 주는 것에서부터 시작해야 한다.

둘째는 천박하거나 너무 이상하다고 생각하지 말고(이게 생각 언어의 규칙이 주는 잘못된 판단이다!) 있는 그대로 표현하는 것이 중요하다.

예를 들어 '나는 정말 유명해지고 싶다.'라는 마음을 살펴보자. 1) '유명해지면 뭘 할 건데?'라고 물어보면, '다른 사람들에게 이야기하는 자신이 되고 싶다.' 2) '그 이야기를 통해서 뭘 할 건데?'라고 물어보면, '다른 사람들 앞에서 강의하고 싶다.' 3) '강의해서 뭘 할 건데?'라고 물어보면, '사람들의 삶에 도움이 되고 싶다.'는 식으로 다른 것을 발견할 수 있게 된다.

또 다른 예로 '예뻐지고 싶다.'를 한번 풀어 보자. 1) '예뻐져서 뭘 할 건데?'라고 물어보면, '애인이 나를 떠받들어 줬으면 좋겠다.' 2) '그래서 뭘 할 건데?'라고 물어보면, '나를 인정해 주는 것이 너무 좋다.'는 소망을 발견할 수 있다. 예뻐지고 싶은 것의 긍정적 의도인 나를 인정해 주는 것이 발견된다면 당연히 다른 대안을 찾을 수 있게 된다.

처음에는 잘 안 될 수도 있고, 찾는 것에 어려움을 경험할 수 있다. 그러나 '사실은 무엇을 하고 싶은가?'를 이해하면 당신은 나쁜 습관 안에 숨은 보물을 발견하고 더 나은 것으로 가려는 에너지를 활용할 수 있게 된다.

"지금 그런 생각이나 감정이 없다면 어떻게 할 것인가? 무엇을 선택할 것인가?"

이 질문이 우리 삶을 다른 길로 전환하게 해 준다. '너머'를 선택하게 해 준다. 지금의 그런 생각과 감정(=내면대화)이 무엇일까? 바로 습관이다. 한계적인 믿음, 신념, 규칙, '이것은 이래야 한다.'는 판단들이다. 그런 '상자 안의 내면대화가 없다면 바로 지금 이 상황, 이 순간에 무엇을 할 것인가?' 하는 질문이 '너머'다.

'사실은 무엇을 하고 싶은가?'를 찾자. 그리고 한 번 찾아진 '너머' 뒤에 또 다른 '너머'가 필요해진다면, 또 찾으면 된다. 그것이 삶이 주는 좋은 면이다. 선물은 항상 '너머'에 있다.

진짜 소망은 '너머'에 있다

이렇게 감정을 드러내고 숨겨진 소망을 찾는 데 도움이 되는 실용적이고 간단한 방법을 하나 더 알아보자.

스탠퍼드 공과대학 교수인 버나드 로스는 '우리가 해답을 찾지 못하는 건 대개 올바른 질문을 던지지 않았기 때문일 가능성이 크다.'고 말한다. 그리고 문제 속에서 해답을 찾는 실용적인 질문 방법을 알려 준다.

위로 올라가는 방법이다.

예를 들어 당신이 배우자를 찾고 있다고 하자. 그러면 분명히 '어떻게 배우자를 찾을까?'라고 고민할 것이다. 교수는 여기서 첫째, '어떻게'와 '~~까?'를 떼고 핵심어를 먼저 찾으라고 한다. 여기서는 당연히 '배우자'로 줄여진다.

두 번째는 그 '핵심어'를 해결하면 '나에게 무슨 도움이 될까?'를 물어보라고 한다. '진짜 하고 싶은 것'이 여기서는 '나에게 무슨 도움이 될까?'로 바뀐 것이다.

그리고 세 번째로 상위로 올라가서 대안을 찾으라고 한다. 이 3단계를 실제 '배우자를 찾고 있다.'는 것을 통해 적용해 보자.

먼저 1단계를 적용해서 '배우자'라는 핵심어를 찾았다. 이제 2단계로 넘어가자. 배우자를 찾는 것이 '나에게 어떤 도움을 줄까?'라고 물어보자. 사람마다 답이 다를 것이다. '친밀한 관계', '부모님의 잔소리를 듣지 않고 독립할 수 있는 것', '성생활을 더 하는 것' 등일 수 있다. 그리고 그것을 '사실은 하고 싶은 것'이었다고 솔직하게 인정해 보자.

'친밀한 관계'라는 '사실은 하고 싶은 것'을 발견하게 되면 '배우자 찾기'는 그중 하나의 대안이란 점이 명확해진다. 처음에 '배우자 찾기'란 목표가 2단계의 질문을 거치자 여러 대안 중의 하나가 된다. 여기서 필요한 것은 '솔직함'이다.

상위로 올라가 이제 가장 중요한 3단계를 적용해 보자. 앞선 답인 '친밀한 관계'를 원하는 것은 '나에게 무슨 도움이 될까?'를 또 물어본다. 사람에 따라서는 외로움이 줄어든다는 것, 안정감, 지루함이 줄어듦이라고 할 수도 있을 것이다. 만일 외로움이라고 답했다면 이 외로움을 줄이기 위한 또 다른 대안들을 확인할 수도 있을 것이다.

자신의 실질적인 문제 또는 소망에 도달하는 깨달음이 올 때까지 정직하게 스스로에게 물어보고 답해야 한다. 상위로 올라갈수록 문제라고 여긴 것이 단지 하나의 대안이었을 뿐이고, 습관적인 선택이었다는 것을 발견하게 된다.

한 여성이 처음에는 '어떻게 내 딸을 좋은 대학에 보낼까?' 하는 고민을 이 방법을 통해 확인해 보았다. 이렇게 상위로 올라가 보니 '불안감 감소'가 중요한 것임을 발견하게 되었다고 한다. '어떻게 불안감을 감소시킬 수 있을까?'를 찾아보다 보면, 딸의 대학 진학 고민은 다른 차원의 에너지를 사용하게 한다. 이게 전환의 길이다.

8장 중독과 '습관 너머 습관'

지금까지 알아본 '습관 너머 습관'을 중독에 적용해 보도록 하자. 혹시 이 장을 먼저 읽더라도 처음에는 이해하는 수준으로 접근하고, 앞에서 다룬 새로운 습관들을 하나씩 적용하면서 중독을 넘어서는 방법을 느긋하게 선택하길 바란다. 중독은 그만큼 어려운 주제이기 때문이다.

중독 안에는 여러 가지 갈등과 상처, 사회적인 압력이 한데 어우러져 있고 자신만의 생각 습관, 감정 습관이 강하게 각인되어 있다. 풀어야 할 것, 안아야 할 것, 두려움에 직면해야 할 것이 많은 것이 중독이다.

중독을 이해하는 새로운 관점

중독을 습관 너머 습관의 관점으로 이해하고 해결책을 찾기 위해 몇 가지 점을 정확하게 짚고 넘어가도록 하자.

첫째, 술이나 담배, 인터넷 게임, 도박, 과식만이 아니라 지나치게 몰입하는 모든 것을 중독으로 봐야 한다. 스트레스 중독, 일 중독, 관계 중독, 꾸미기 중독, 화내는 중독, 이데올로기 중독 등도 폭넓게 바라봐야 한다. 중독이란 그것에 매달려 현실을 떠나서 과하게 집중하고, 그로 인해 삶의 다른 것에 손상을 주거나 주변에서 걱정하게 되는 모든 것이다. 뇌의 거짓말이 강력하게 작동하여, 통제나 자기조절이 안 되는 것이 중독이기 때문이다. 당연히 내면 대화의 4가지 언어 모두에서 강박적인 증상을 보이게 된다.

둘째, '습관 너머 습관'에서는 억지로 참아서 중독을 막는 것은 제대로 된 해결이 아니라고 전제한다. 억지로 참는 것은 일면 효과적인 처방으로 보인다. 하지만 겉으로 드러난 중독만을 억지로 참는다고 해결되는 것이 아니다. 하나를 참으면 참은 만큼의 에너지가 다른 쪽에서 강박적으로 튀어나오거나, 스트레스 상황이 강해지면 다시 중독으로 회귀하게 된다.

셋째, 중독이란 '뭔가에 깊게 의존하는 것'이고, 모든 사람의 뇌에 존재한다는 점이다.

중독 회로가 존재한다는 것은 중요한 의미를 지닌다. 『고삐 풀린 뇌』의 저자인 존스 홉킨스 의과대학 교수 데이비드 J. 린든은 중독을 인류가 가지는 질병이라고 말한다. 누구라도 중독 회로에 말려들 수 있는 생물학적인 조건이 있기 때문이다.

중독을 질병으로 본다는 것은 '중독의 발병이 중독자의 책임이 아니란 점'을 나타낸다. 심장병 환자에게 발병의 책임을 묻지 않는 것과 같다. 물론 이런 생물학적 특성이 있다고 하더라도 중독자가 면죄부를 얻는 것은 아니다. 심장병 진단을 받았다면 건강한 식사, 규칙적인 운동, 치료제 복용을 통해서 병에서 회복되는 것이 환자의 책임이듯이, 중독자는 자신이 처한 상황을 제대로 알고 이제는 그것에서 벗어날 방법을 스스로 찾아야 하기 때문이다.

넷째, 도파민 회로인 중독의 양면을 이해해야 한다. 쇼핑, 섹스, 고칼로리 음식, 도박, 마리화나, 댄스파티, 인터넷 게임 모두 '내측 전회 쾌감회로'라 불리는 상호 연결된 뇌의 여러 부위가 독특한 신경 신호를 만들어 낸다. 바로 도파민 회로다. 진화는 어떤 경험을 통해 짜릿한 흥분을 얻을 수 있을 것이란 기대감을 갖고 그것을 계속하게 만들도록 우리의 뇌를 배선해 놓았다.

뇌는 도파민의 회로를 통해 '이걸 하면 행복할 것'이라는 욕망을 강박적으로 만들어 낸다. 바로 생존과 짝짓기를 위해서다. 번잡하다는 이유로 사냥을 하지 않거나 짝을 찾는 것을 포기하지 않게 하기 위해서 진화가 선택한 방법이다. 실패하더라도 늘 계속 사냥하도록 하고, 잘 안 되었더라도 포기하지 않고 계속 구애하도록 만들기 위해 뇌는 엄청난 기대감, 강박에 가까운 내면대화를 이용한다. 물론 이를 통해서 얻는 보상은 기대한 것보다 작은 경우가 대부분이다. 작은 보상에도 계속하도록 만드는 것이 도파민이 만드는 욕망의 실체다.

그런데 이 도파민에는 또 다른 얼굴이 있다. 운동, 명상, 기도, 자선행위, 초월적이라 여기는 삶의 경험들도 뇌의 도파민 회로를 활성화시킨다는 사실이다.

도파민 회로는 당신에게 어떤 기쁨을 선택할 것인지를 묻는 것과 같다. 즉 중독을 넘어서기 위해서는 도파민 회로의 방향을 다시 잡아 주어야 한다. 참거나 막는 것이 아닌 '이용'의 관점이다. 도파민 회로는 중독을 넘어서는 것에도 도움을 준다. 당신은 도파민 회로를 이용해 어떤 삶을 선택하는 데 사용할 것인가? 이게 진짜 숨겨진 질문이다.

마지막으로 이 책에서는 앞서 알아본 새로운 습관을 적용하여 중독을 넘어서는 방법을 제안한다는 것을 잘 이해해 주길 바란다. 혹시 본인이 중독에 관해 약물이나 심리치료를 하고 있거나 해야 한다면 같이 병행하는 것이 필요하다. 다른 방법들을 통해 빠른 해소책을 발견하는 것도 중요하다. 단지, 그런 치료를 하더라도 결국 마주해야 할 뇌의 속임수는 결국 자신의 내면에 있는 '너머'를 통해 넘어서야 한다는 점을 이해하고 이 방법을 이용하길 바란다.

생각 더하기
중독의 3가지 특성

중독인지 아닌지 구별할 때 몇 가지 중요한 차이점이 있다.

가장 큰 차이는 과도한 집착이다. 그것이 무엇이든 삶에서 중요한 위치가 되고, 자주 생각나고, 느낌으로 일어나고 계속 반복하려고 하는 것이다.

두 번째로는 현실의 지루함이나 불편을 느끼면 그것을 회피하는 도구로 이용한다는 점이다. 마지막으로는 조절이 잘 안 된다는 점이다.

그것을 하지 않으면 불편함, 불쾌감, 짜증, 초조함이 나타난다. 이 결과 주변에서 걱정을 하고 자신도 줄이려고 노력하지만 조절에 실패하면서 스스로 어쩔 수 없다는 자기변명이 늘어나는 것이 중독의 특성이라 할 수 있다. 자기변명이 늘어나면 스스로 자신의 문제를 축소하여 큰 문제가 없다고 생각하고, 심지어는 속이면서 몰래 하게 되는 일이 늘어난다.

중독의 숨은 보물은 무엇일까?

중독은 감정 습관의 관점으로 보면 특정 감정 상태를 계속 추구하고 유지하려는 것이다. 중독을 통해서 일시적인 편안함 또는 쾌감을 느끼는 것이 중독이다.

생각 습관의 관점으로 보면 중독을 즐기는 그 시점에는 유독 해야만 하는 이유들이 더 많이 떠오르고, 분명히 이게 아닌 줄 알지만 또 하게 되는 생각에 붙잡히고, 지나고 나서 후회하는데도 불구하고 감행함으로써 스스로 자존감을 낮춰 버리는 경향을 가진다.

신체 언어로 보면 뭔가에 갈망이 생겨 마치 온몸에서 '그렇게 하라.'는 메시지가 들려오는 것처럼 느껴진다. 마음이 조마조마해지고, 폐가 바짝 죄어 오고, 근육이 팽팽해지고 긴장감이 엄습한다. 이 정도가 되면 이제는 너무나 간절히 그것을 원하게 된다. 뇌의 속임수가 극에 달하면 누구라도 견디기 힘들어진다. 이것이 우리가 일상에서 경험하는 담배, 술, 음식, 복권, 섹스, 화냄 등 모든 것에 동일하게 적용되는 갈망이다.

이런 생각과 감정, 신체적 증상을 직시한다면, 왜 우리가 그렇게 중독 앞에서 자꾸 무너지는지 이해할 수 있다. 4가지 언어가 통합적으로 그것을 간절히 원하기 때문이다.

습관 너머 습관의 관점으로 중독을 본다는 말은 숨겨진 소망을 직시해야 한다는 뜻이다. 숨겨진 소망을 발견하면 앞서 확인한 것처럼 보물을 발견할 수 있다.

중독에 빠진 내가 정말로 원하는 것은 무엇일까? 이것을 이해하면 왜 중독에서 그렇게 빠져나오기 힘든지, 피곤하거나 스트레스가 많은 날에는 왜 쉽게 무너지게 되는지 알게 된다. 그리고 조금 나아졌을 때 이제 나는 그 정도쯤은 즐겨도 된다는 속삭임을 경험하면서 또 되돌아가는 요요현상이 생기는지 알게 된다.

중독의 영문은 'addiction'이다. 어원은 라틴어 'ad'(향하다, 좇다-toward)와 'dict'(말하다-speak)의 결합이다. 즉 중독은 항상 좋은 것만을 향하는 내면대화를 경험하면서, 결국은 강박적으로 그것을 추구하는 것을 의미한다. 그 결과로 중독(addiction)은 무언가에 '사로잡히다.' 혹은 '노예가 되다.'라는 의미를 가진다.

중독은 정확히 무엇에 사로잡힌 것일까?

그 사로잡힘을 이해하기 위해 중독된 행위를 할 때나 일 중독자들이 일을 할 때 어떤 감정, 생각, 신체적 경험을 하게 되는지 돌아보자. 단지 술을 먹고 싶어서 먹는다거나, 일을 해야만 불안하지 않다는 낮은 소망 그 위로 올라가 보자. '위'에서 바라보면 그것이 어떤 상태를 위한 도구 중 하나였는지를 알 수 있기 때문이다.(이 부분은 2부 8장을 참조하기 바란다.)

위로 올라서서 보면 그것은 바로 그 시점에는 고통을 없애고 힘든 생각이 확 줄어든 상태를 위한 도구였음을 알 수 있다. 즉 중독자는 불쾌함을 견디지 못해 인위적으로라도 '항상 좋은 상태'를 유지하려고 하는 소망이 있다는 것이다.

지금의 현실 또는 상황에서는 좋은 기분이나 고통 없는 상태가 불가능하기에, 인위적으로 물질 혹은 어떤 행위에 몰두하는 것이다. 고통이나 불편이 없는 '항상 좋은 상태(행복, 평화, 사랑, 충만, 황홀감 등)를 유지하려는' 시도에서 출발한다.

이 좋은 상태를 기쁨이라고 집약할 수 있다. 본능적으로 기쁨을 추구하는 것은 생명을 가진 인간에게는 당연한 바람이라 할 수 있다. 디팩 초프라는 『중독보다 강한』에서 중독자는 뭔가 근사한 것, 불만스럽고 견딜 수 없는 일상의 현실을 뛰어넘는 체험을 바란 것이고, 그것을 한마디로 기쁨 또는 황홀경이라고 말한다. 이런 기쁨의 추구는 절대 부정적인 것이 아니며 오히려 중요하고 바람직한 것이다. 단지 중독자가 잘못된 곳에서 그것을 찾았을 뿐이다.

디팩 초프라는 여기서 더 중요한 진실을 이야기한다. 중독 행위에 전혀 유혹을 느끼지 못한 사람은 영혼의 진정한 의미를 발견하기 위해 서투르나마 첫 발걸음을 떼 보는 경험조차 못한 사람이라고 말이다. 그 방향이 잘못되어서 중독일 뿐이다. 분명히 우리가 영적인 경험을 하려 하는 것이나, 예술적 경험을 통해 얻고자 하는 것이나, 사랑을 통해 찾고자 하는 것 모두가 바로 이 황홀경과 기쁨인 것이다.

중독 밑에 숨어 있는 소망은 이렇듯 기쁨이다. 중독이 주는 쾌락 이면에 있는 진정으로 바라는 기쁨이 무엇인지 발견해야 한다. 그것이 중독이 우리에게 주는 숙제라고 할 수 있다. 누구라도 술 중독을 바란 것이 아니라, 삶의 고통을 넘어선 기쁨과 자신을 제대로 인정받는 관계를 원한 것이다. 일 중독자는 편안하게 있을 때 생기는 불편함과 걱정 그리고 누군가에게 인정받지 못할 것 같은 두려움으로 인해 일에 지나치게 몰입하는 것이다. 일에 과몰입하면 그 순간은 분명히 그런 고통을 경험하지 않게 된다.

하루 종일 힘들게 일하고 와서 텔레비전을 멍하게 보는 것도 마찬가지다. 멍하게 있는 듯 보이지만, 2~3초 간격으로 계속 바뀌는 화면과 드라마의 스토리를 통해 더 이상 고통스러운 생각이나 불편을 느끼지 않으려고 그렇게 하는 것이다. 고통을 벗어나 생각이 없는 상태 그리고 나를 잊은 상태를 추구한다는 점에서는 동일한 것이라 봐야 한다.

중독 회로와 기쁨을 추구하는 열정이 우리 안에 있고, 그것을 일상에서 경험한다는 점이 중요하다. 이 기쁨이 더 나은 삶으로 나아가는 데 필요한 에너지로 충분히 전환될 수 있기 때문이다.

중독의 숨겨진 소망을 제대로 이해하면 우리는 또 다른 진실을 보게 된다. 바로 기쁨을 추구해야만 하는 아픔이다.

일례로 최근 늘어나고 있는 청소년 게임 중독을 들어 보자. 게임 중독 또는 스마트폰 중독은 이미 사회적 문제로 거론된 지 오래다. 그런데 기쁨과 황홀경을 원할 수밖에 없는 상태를 들여다보면 슬퍼질 정도다.(비단 이런 상황이 청소년만이 아닌 우리 모두의 모습일 수 있다.)

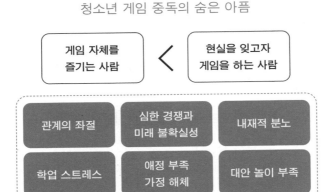

청소년 게임 중독의 숨은 아픔

게임 자체를
즐기는 사람

〈

현실을 잊고자
게임을 하는 사람

관계의 좌절

심한 경쟁과
미래 불확실성

내재적 분노

학업 스트레스

애정 부족
가정 해체

대안 놀이 부족

대한민국 청소년들은 일상적으로 고통과 긴장, 그리고 엄청난 경쟁과 압박을 경험할 수밖에 없는 환경에 처해 있다. 반면에 이를 보완해 줄 수 있는 긍정적인 경험을 주는 인간관계는 점점 부족해졌다. 가정은 해체되고, 애정 부족에 시달리고, 대안 놀이도 턱없이 부족하다. 당신이 이런 상황이라면 어떨 것 같은가? 누구라도 분노와 좌절감, 두려움을 호소할 것이다. 이런 가운데 게임은 기쁨과 황홀경을 제공해 준다.

게임이 주는 몰입감과 상호작용, 즉각적인 결과와 반응, 판타지와 짜릿함은 고통과 분노를 잊어버리고 기쁨을 주기에 충분하다. 이 점을 이해하면 청소년들의 입장에서 기쁨을 위한 게임 중독을 탓할 수만은 없을 것 같다. 오히려 고통과 슬픔을 넘어서기 위한 지지가 더 필요한 것이 아닐까 하는 생각이 든다.

중독을 오랫동안 취재해 온 요한 하리는 중독의 반대말은 맑은 정신이 아니라, 관계라고 말한다. 관계가 주는 긍정적인 경험과 기쁨이 많아지면 더 이상 중독 물질을 탐하지 않게 된다는 것이다. 과연 어떤 이유가 이 안에 숨어 있을까?

중독을 넘어서는 환경

이제까지 술이나 마약 중독은 그 물질을 자주 접하면 생기는 것으로 알려져 왔다. 그런데 따져 보면 술을 먹는다고 누구나 알코올 중독이 되지는 않는다. 그럼 무엇이 중요한 것일까?

영국의 저널리스트인 요한 하리는 TED강연에서 중독이 약물이나 나약한 정신에서 오는 것이 아니라 '소외'에서 온다고 주장한다. 그 근거로 브루스 알렉산더 교수의 쥐를 대상으로 한 실험을 예로 든다. 이 실험을 보면 앞서 살펴본 숨겨진 소망의 중요성을 다시 확인할 수 있다.

먼저 자주 이용되는 중독 실험인, 도파민 회로에 전극을 꽂아서 인위적인 자극을 주는 쥐 실험으로 들어가 보자.

도파민 전극을 꽂은 쥐의 한쪽 편에는 쥐가 좋아하는 음식을 놓아두었다. 당연히 쥐는 음식을 먹기 위해 움직일 것이다. 그런데 음식을 먹으러 갈 때 도파민 회로에 자극을 주면 어떻게 될까? 도파민 회로가 활성화된 쥐는 그 자리에 멈춰 서서 절대 움직이려 하지 않았다. 확실하게 보장된 음식보다 전기 충격의 기회를 한 번 더 기다렸던 것이다. 전기 충격을 주면 실험쥐는 충격을 더 받고 싶어 안달하는 것처럼 보였다.

실험자는 쥐의 이런 반응을 더 알아보기 위해, 레버를 누르면 전기 충격이 가해지도록 만들었다. 이를 파악한 쥐는 5초마다 레버를 눌렀다고 한다. 지쳐서 탈진할 때까지 레버를 눌러 댔다고 한다. 이제는 여기에 더해 이 레버가 있는 곳에 전기 석쇠를 놓아두었는데, 발에 화상을 입어 도저히 움직일 수 없을 때까지 레버를 눌렀다고 한다. 갈망에 붙잡혀서 죽음과 화상을 감내하는 도파민 회로의 놀라운 특징을 이 실험을 통해 확인할 수 있다.

그런데 정말 놀라운 것은 다음 실험들이다.

브루스 교수도 위 실험과 비슷하게 쥐에게 강제로 마약을 주입하고 반응을 살폈다. 당연히 쥐들은 마약만을 찾았다고 한다. 그런데 교수는 이 실험의 문제점을 발견하게 되었다. 그것은 바로 실험 환경이었다. 쥐 실험을 하는 장소는 사방이 창살로 갇힌 비좁은 곳이었고, 최소한의 음식만 있는 상태란 점이었다. '이런 공간에서는 어떤 누구라도 마약을 필요로 하는 상태가 되지 않을까?'라고 그는 생각하게 되었다.

이 점에 착안해서 교수는 마약을 주는 실험이지만, 환경을 바꾸어 보았다. 일명 '쥐 공원 실험'이다. 좁은 공간 대신 충분한 공간을 주고, 최소한의 음식 대신 쥐들이 좋아하는 치즈를 넣어 주었다. 그리고 암컷 쥐도 함께 넣어 주었다. 쥐들에게 행복할 만한 공간을 만든 것이다.

그러고는 앞선 마약 실험과 같은 식의 비교 실험을 했다. 한쪽에는 취약한 공간에 마약 음료를 넣었고, 다른 쪽에는 쥐 공원에 마약 음료를 제공했다. 각각 16마리의 쥐를 풀어 놓았는데, 그 결과는 전혀 달랐다. 쥐 공원의 쥐들은 마약 음료를 거부했고, 취약한 공간의 쥐들은 마약 음료를 16배나 많이 찾았다.

이 자체로도 놀라운 결과지만, 브루스 교수는 여기에 추가적인 실험을 더 했다. 먼저 마약에 중독시킨 쥐들을 쥐 공원에 투입해 본 것이다. 이 실험 결과는 어땠을까? 마약에 중독된 쥐들은 가끔 마약 음료를 선택하는 경우도 있었지만, 그 비율이 점점 줄어들어 결국 마약 음료를 거부했다고 한다.

공교롭게도 이 쥐 실험과 똑같은 상황이 인간에게도 확인되었다. 바로 베트남 전쟁이다. 베트남 전쟁 당시 미군들 중 약 20퍼센트 이상이 다량의 헤로인을 사용했다고 한다. 전쟁이 주는 압박과 죽음의 공포 앞에서 충분히 그럴 수 있었을 것이다. 전쟁이 끝나고 이들이 미국으로 되돌아오게 되면서 미국 사회는 걱정을 하지 않을 수 없었다. 그런데 전쟁에서 돌아온 군인들에 관한 연구보고서에 따르면 90~95퍼센트 이상이 마약을 끊었고 더 이상 헤로인을 찾지 않았다고 한다. 심지어 금단현상도 없이 복용을 멈춘 경우가 많았다.

전쟁터에서는 필요한 마약이, 전쟁 후 친구들과 가족이 있는 좋은 집으로 돌아오게 되면서 더 이상 필요 없어진 것이다. 다시 말해 기쁨을 주는 관계와 상황을 접하면서 더 이상 위로받거나 다른 것을 통해서 기쁨의 감정을 억지로 누리려고 할 필요가 사라진 것이다.

이 사례를 보면 중독은 약물이 아니라 소외된 생활방식과 연관이 있다는 추론이 가능하다. 쥐 감옥과 같은 환경으로 내몰리면 인간 역시 안도감을 줄 수 있는 무언가를 찾게 되고, 그 반대의 상황이 되면 그것에서 벗어날 수 있게 된다. 또한 브루노 교수가 중독환자 상담을 하면서 발견한 독특한 특성도 이런 결과를 반증한다. 중독에 빠진 사람들 중 많은 수가 가난하거나 불평불만이 많은 사람이었다는 점이다.

실제로 국민의 1퍼센트가 마약중독자인 포르투갈은 2000년 초 중독자들을 가두고 격리시키는 노력 대신 사회에 재결합시킬 수 있도록 노력했다. 그 결과, 10년 만에 마약 중독자의 비율이 현격하게 줄어드는 성과를 거뒀다. 마약을 합법화했지만 오히려 마약 사범이 준 것이다. 유럽의 다른 나라들이 포르투갈의 사례를 벤치마킹할 정도였다고 한다.

앞에서 언급된 쥐와 미군 병사와 포르투갈의 이야기는 인간의 뇌가 관계의 기쁨이나 행복을 어느 수준 이상 경험하면 더 이상 중독 물질을 통한 쾌감을 강박적으로 추구하지 않게 된다는 점을 보여 준다. 이 말은 거꾸로 중독이 필요할 때 아직 우리가 발견하지 못한 진정으로 원하는 것을 찾아보라는 신호로 봐야 한다는 뜻이다. 중독으로 향하는 열정을 진정으로 자신이 원하는 것으로 바꿔야 하고, 우리 모두에게는 더 행복한 삶을 살아갈 수 있는 충분한 동력이 있다는 것을 보여 주는 것이다.

생각 더하기
중독의 속임수

술을 마신다고 모두가 알코올 중독이 되지 않는다는 것은 중요한 지점이다. 어느 누구라도 중독이 주는 과잉강박이나 두려움에서 동기를 부여받을 필요는 없다. 고통을 해소하기 위한 도파민의 기쁨을 중독에서 찾을 필요도 없다. 우리 안에 있는 중독의 속임수를 제대로 파악하고 그 에너지를 새로운 습관으로 전환해야 한다. 이를 위해 중독으로 이끄는 도파민 회로가 만드는 3가지 거짓말을 자세하게 알아보자.

1. 쾌락이 아닌 강박

최근 밝혀진 사실에 따르면 도파민 회로는 쾌락보다는 '강박' 또는 '흥분'에 가깝다고 한다. 도파민 회로는 '한 번만 더 하면 무언가 놀라운 일이 일어날 것'이라고 속삭이며 강박적으로 계속하게 만든다.

한 번 더 하도록 만들기 위해, 다른 감정도 느끼게 한다. 가장 크게는 그만두면 안 될 것 같다는 불안감과 두려움을 느낀다. 또한 지금 그것을 추구하는 것이 생사를 다루는 위급한 것으로 받아들이게 한다. 생존 위협으로 다가온다는 것이다.

결국 우리는 도파민이 분비되면 1) 엄청난 기대감 2) 분명히 나를 기분 좋게 해 줄 것이라는 생각 3) 생존 위협으로 느끼면서 오직 그것에만 집중하게 된다. 중독은 이렇게 속삭인다. '조금 더 하면 좋을 거야, 지금 하지 못하면 바보가 될걸.'

2. 시간차 공격(?)

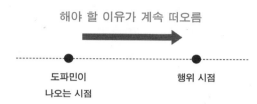

해야 할 이유가 계속 떠오름

도파민이
나오는 시점

행위 시점

여기에 힘을 보태 주는 중요한 메커니즘이 도파민의 시간차 공격이다. 도파민이 분출되면 우리는 갈망을 느낀다. 그런데, 이 도파민이 나오는 시점이 아주 흥미롭다.

그림에서 보이듯이 도파민은 중독 행위를 할 때 나오는 것이 아니다. 중독의 갈망을 떠올릴 때 나온다. 다시 말해 중독을 떠올리고, 잠깐 기대한 '그때!' 도파민은 나온다. 이미 나와 버린 도파민 때문에 쾌감을 맛보고, 그래서 갈망과 이유가 강하게 떠오르게 된다. 이미 맛본 도파민 때문에 해야 할 이유가 계속 떠오르는 것은 당신의 잘못이 아니라 어쩔 수 없는 증상인 것이다. 실제 행위를 할 때는 결코 기대한 만큼의 만족감을 얻을 수 없는 이유도 확인할 수 있다.

결국 이 도파민이 나오는 바로 그 시점에 우리가 배운 새로운 습관을 적용해야 한다. 뇌의 거짓말에 휩쓸리기보다는 호흡을 하면서 다른 것에 주의를 돌리고 집중하면서 그 갈망을 놓아 버리는 것이 필요하다. 흔히 10분만 참고 미뤄 보라는 조언은 분명히 과학적인 조언이다. 불편함을 통과하는 횟수가 늘어나면서 우리의 마음 상태는 바뀌게 된다. 중독 앞에서 무력감보다는 자신감을 느끼게 된다.

3. 뇌의 거짓말

중독은 점점 더 심해진다고 알려져 있다. 중독이 점점 강해지는 이유는 크게 2가지다. 첫째는 다른 뇌 영역들과 연결되어 기억, 연상, 감정, 의미 등으로 쾌감을 아름답게 장식하기 때문이다. 둘째는 중독이 도파민에 대해 반응하는 뇌에 변화를 일으키기 때문이다. 중독으로 도파민이 과잉 분비되면 뇌 영역은 점점 도파민에 둔감해지게 된다.

이렇게 되면 평범한 일상에서 나오는 도파민으로는 부족함을 느끼게 된다. 하루 종일 조금씩 나오는 도파민은 더 이상 건강하고 즐거운 사회적, 육체적 행위의 '동기 부여'가 되지 못하는 것이다. 중독 때문에 점점 긍정적 신호들에 대한 뇌의 보상 능력이 감소한다. 식사에 대한 감사, 회사 동료와의 즐거움, 서로를 돕는 것과 같은 자극들에 대해 더 이상 즐거움을 느끼지 못하게 된다.

게다가 '한 번 더' 하면 행복할 것이라는 갈망은 이상하게 불행을 느끼게 한다. 아무런 불편이 없는 순간들도 불편하게 만들어 버린다. 왜냐하면 지금 불편하게 느낄수록 '한 번 더'를 더 원하게 되기 때문이다.

불편 서핑

중독이 내뿜는 뇌의 거짓말을 넘어서기 위해서는 우리가 살펴본 여러 가지 새로운 습관들을 같이 활용할 수 있어야 한다. 감정, 생각, 신체 모두가 중독을 갈망하기 때문이다.

이때 가장 좋은 관점은 중독의 큰 에너지를 빼는 것에 중심을 두는 것이다.

갈망에 의해 도파민이 나오면 답답함, 갈증을 느낄 수 있다. 중독은 늘 그런 상태를 조장한다. 이럴 때 오직 몸의 어디에서 답답함과 긴장감이 느껴지는지에만 집중하자. 그리고 그 부분의 에너지가 커지고 줄어드는 것을 관찰하면서 몸을 이완하여 에너지를 빼는 것에만 집중하자.

두 번째로는 생각 에너지를 빼는 것이다. 중독이 만들어 내는 생각은 다양하다. 논리로는 그 거짓말을 이길 수 없다. 오직 강박적인 충동을 이끄는 그 에너지에 집중하면서 느끼도록 하자. 섭취하고 소비하고 싶은 욕구, 강박적인 행동을 실행에 옮기고 싶은 욕망을 의식적으로 느끼도록 하자. 그리고 강박적인 충동으로 이끄는 그 목소리를 뇌의 속임수라고 분명하게 구별하자.

습관 너머 습관의 방법은 '참기'와는 다르다. 참기가 아니라, 온전히 경험하면서 중독이 만들어 내는 뇌의 거짓말을 넘어서는 것이다. 이 과정에서 중독이 뇌에 만들어 놓은 각인을 바꿀 수 있다.

중독은 큰 에너지여서 이것에 휩쓸리지 않는 것이 어렵다. 그러기 위해서는 보다 적극적으로 갈망의 그 미묘한 과정을 있는 그대로 경험하는 것이 도움이 된다. 이 새로운 습관을 파도치는 가운데 서핑하는 것에 비유해 '불편(갈망) 서핑'이라고 한다.

불편 서핑은 현대인이라면 누구에게나 훈련이 필요하다. 가장 큰 이유 중 하나는 도파민 회로를 직접 자극하는 아주 강력한 물건을 모든 사람이 가지고 있기 때문이다. 바로 스마트폰이다.

당신이 스마트폰을 놓아 두고 어딜 가면 불안해하거나, 자신도 모르게 그것을 보고 있거나, 심심하면 꼭 찾게 된다면 도파민 회로 때문이다. 도파민 회로에 직속 고속도로로 연결된 것이 스마트폰이다.

스마트폰을 하지 않기로 하고 1~2시간 정도 내면대화가 어떻게 이뤄지는지를 살펴보자. 갈망이 자신의 집중력을 어떻게 흔들어 버리는지, 그 순간에 어떤 생각과 느낌이 드는지 관찰해 보자. 있는 그대로의 감정을 느끼면서 불편한 감정을 없애려고 하지 말고, 온몸의 긴장감까지 느껴 보자. 나쁜 생각이라고 규정하지 말고, 그냥 온전히 경험해 보자.

'어떤 생각과 느낌이 드는가? 몸에서는 어떤 긴장감이나 뜨거워지는 느낌이 드는가?'

이때 좋은 팁이 하나 있다. 바로 호흡에 계속 집중하는 것이다. 그냥 관찰하자, 알도록 노력하자, 오직 알려고만 하자.

워싱턴 대학교 중독행동 연구센터의 사라보웬은 아주 세심하게 접근하여 흡연하는 사람에게 충동 서핑법을 실시했다. 단지 충동을 제대로 경험하기만 했을 뿐이지만 흡연을 줄이는 효과가 있었다고 한다. 속임수를 간파할 때의 이점이다.

제대로 느끼면 느낄수록 우리가 감정적 격정이 어떻게 변화되는지 알기에 그 강박을 흘려보낼 수 있고, 고통을 견디는 힘이 늘어난다. 앎이 중요한 차이를 만들 수 있다.

참고로 실험에서 어느 정도까지 충동을 느끼도록 했는지 살펴보자. 어떻게 불편을 서핑해야 하는지 도움이 되기 때문이다.

사라보웬 교수는 12명의 지원자를 뽑는데, 이들은 모두 금연을 시도했었지만 실패한 사람들이었다. 이들에게 다음처럼 온전히 불편을 경험하도록 주문했다.

① 이들에게 12시간 이상 담배를 참도록 한 뒤에 한자리에 모이게 했다. 12시간이면 충분히 피우고 싶은 욕구가 심할 때라고 볼 수 있다.

② 이들 모두 자기가 가장 좋아하는 브랜드의 담배 한 갑을 비닐을 뜯지 않은 채로 가져왔다. 실험이 시작되자 이들은 모두 자기가 가져온 담배를 꺼내어 10분 동안 쳐다보도록 지시를 받았다.

③ 10분 동안 담배를 쳐다본 이들은 비닐을 벗기고 담뱃갑을 뜯고 열라는 지시를 받은 뒤 몇 분 동안 가만히 그것을 바라보게 했다.

④ 그다음 몇 분 후에는 담배 한 개비를 꺼내고 냄새를 맡아 보라는 지시를 받았다.

⑤ 그다음 몇 분 후에는 그 담배 한 개비를 손가락에 끼워 보라는 지시를 받았다.

⑥ 그다음 몇 분 후에는 그 담배를 입에 물어 보고, 또 몇 분 후에는 제공된 라이터를 담배 옆에 놔두는데, 불을 붙이지는 말라고 주문했다. 그리고 몇 분 후에는 그 담배에 불을 붙이되 저만치 떨어뜨려 놓게 했다.

⑦ 마지막에는 불이 붙여진 담배를 빨지는 말고, 코앞에서 냄새만 맡아 보라는 지시를 받았다.

이 실험에 걸린 시간은 1시간 30분이었다. 이 쓰라린 90분 동안의 경험을 마치고 나서야 지원자들은 밖으로 나와 자유롭게 행동할 수 있었다. 마지막으로 이들에게 담배를 피우고 싶은 마음이 들 때마다 충동 서핑을 하듯이 중독의 갈망을 파도로 상상하라는 지침을 주었다. 파도는 사라지기 마련이니 그 파도와 싸우지도 말고, 굴복하지도 말고, 그냥 그 파도를 타는 모습으로 경험하라고 했다.

이 간단한 지침이 어떤 효과를 보였을까? 실험 결과 대조군에 비해 흡연량이 37퍼센트 줄어들었을 뿐 아니라, 더욱 중요한 것은 스트레스만 받으면 담뱃불을 붙이는 습관을 고칠 수 있었다고 한다.

여러분이 뭔가를 간절히 원하고 있고 그것을 고치기 힘들다면, 10분 서핑 습관을 적용해 보도록 하자. 10분이 지나고 난 뒤 그때도 하고 싶은 생각이 남아 있으면 그냥 하면 된다. 이것은 그냥 참는 것과 다르다.

충분히 그 과정을 경험하고 앎이 깊어지면 충동이 달라진다. 충분히 수용하고 느끼는 동안 뇌에서 의지력을 담당하는 부분의 능력이 높아진다. 의지력은 미래를 위해 지금 당장의 욕구를 제어하는 능력이다.

뇌를 더욱 냉정하고 현명하게 만들고 싶다면 어떤 유혹을 느끼더라도 의무적으로 10분을 기다리자. 만약 10분 뒤에도 여전히 원한다면 유혹을 충족해도 된다. 이 10분이라는 시간 동안 유혹을 거부하면 얻게 되는 장기적인 보상을 마음속에 떠올려 보자.

그리고 가능하다면 이렇게 10분이 지난 뒤, 이제는 또 10분을 더 기다려 보는 식으로 자신의 뇌를 훈련시켜 보자. 10분을 더하는 것은 나를 속이는 것이 아닌 작은 성공 경험으로 받아들자. 실제로 성공한 경험이기 때문이다. 성공 경험이 많아지면 당연히 자신감도 증가한다. 그게 뇌의 특성이다.

의식적 도파민 이용법

중독의 에너지를 빼는 것이 첫 단추라면, 장기적인 성공을 위해서는 우리 안에 있는 이 에너지를 보다 적극적으로 사용해야 한다. 중독의 기쁨을 대신할 진정한 기쁨을 만드는 방법을 익히는 것이다. 이 방법이 바로 의식적인 도파민 살포법이다.

이 방법은 도파민 회로의 특성을 거꾸로 활용해서, 우리가 향해야 할 곳으로 이끄는 소중한 동력이 된다.

나쁜 습관은 대부분 엉뚱한 것으로부터 욕구를 충족하려고 하면서 생긴다. 이때 나쁜 습관을 금지하는 데 초점을 두지 말고, 새로운 습관(가능한 건강에 좋은)에 욕구를 일으킬 수 있다면 훨씬 좋을 것이다.

예를 들어 아침에 일찍 일어나기 위해 잠과 싸울 것이 아니라, 아침에 일어나서 멋진 꿈을 만들기 위한 장면을 스스로 충분히 상상한다면 어떻게 될까? 바로 이런 미래의 자신과 그것이 주는 장점을 충분히 그리고 느끼도록 한다면 우리는 의식적으로 도파민을 살포하는 것이다.

함부르크 에펜도르프 의과대학에서 실험을 한 결과, 미래를 상상하면 만족 지연에 도움이 되었다. 미래에 대해 생각하기만 해도 효과가 있다는 것이다.

지금 하기 싫거나 미루려는 일이 있다면, 여기에 의식적으로 도파민을 살포하자. 이 일을 가지고 회의에 참석하는 모습을 상상해 보면서, 잘 발표해서 얻는 이익을 충분히 느끼면 도파민이 살포된다. 이것을 잘 해결해서, 어떤 이익을 얻고 어떤 느낌인지를 구체적으로 그려 본다면 더욱 좋다.

이렇게 미래를 구체적으로 상상하고, 느끼는 것은 분명 '새로운 습관'이다. 대부분의 경우 우리는 미래를 생각하면 예측불안, 즉 잘 안 되고 힘들지도 모른다는 것이 먼저 떠오르기 때문이다.

여기서 핵심은 바로 미래의 꿈을 현재 느끼는 것이다. 현재처럼 느껴야 도파민이 나온다. 무미건조하게 상상하는 것으로는 부족하다. 미래의 꿈을 생생하게 느끼도록 자신을 훈련하자. 그것이 새로운 습관이란 사실을 기억하자. 미래가 더 사실적이고 뚜렷하게 느껴질수록 효과가 크다.

또 다른 예로 일어나야 한다는 압박감, 청소를 해야 한다는 압박감, 귀찮은 허드렛일이라는 압박감이 든다면, 여기에도 도파민을 살포해 보자.

일찍 일어나서 곧바로 움직이기보다는 의도적으로 상쾌함을 느끼자. 청소를 하고 난 뒤에 좋은 느낌을 충분히 느끼자. 그리고 일 하나를 마쳤을 때도 좋은 느낌을 충분히 느끼자. 운동을 하는데 불편함을 느낀다면 운동을 통해 활력이 넘치는 상태를 떠올려 보자. 이런 식으로 기쁨을 느끼는 순간을 늘려 나가면, 중독이 주는 기쁨을 필요로 하는 뇌의 거짓말을 넘어설 수 있게 된다.

이렇게 의도적인 도파민을 살포하는 것은 '미래 기억'을 만들어 주는 것이라고 할 수 있다. 우리 모두는 과거를 기준으로 한 기억을 미래에 투사해 버린다. 새로운 미래 기억을 심어 주는 것은 우리의 몫이다.

'이만큼 좋아졌으니까'라는 함정

여러분이 어떤 방법을 이용하든 중독을 줄이거나, 넘어서게 되었다면 정말 축하할 일이다. 그런데 이때 중독의 속임수에 또 속아 넘어 갈 수 있다는 사실을 기억해야 한다.

발전은 좋은 일이다. 발전이 있으면 기분이 좋아진다. 기분이 아주 좋은 나머지 자축하고 싶은 마음이 생긴다. 하지만 뇌의 속임수는 이것을 편하게 쉬어 갈 변명으로 이용한다.

시카고 대학교와 예일 대학교의 연구 결과에 따르면, 목표 달성에 진전을 이루면 목표에 방해되는 행동을 하려는 동기를 느낀다고 한다. 다이어트에 성공한 사람들에게 이를 위해 얼마나 노력했는지 돌아보게 했다. 그리고 축하 선물로 사과와 초콜릿 바 중에서 하나를 선택하라고 제안했다. 자축하는 기분에 빠진 사람 중 85퍼센트는 사과가 아닌 초콜릿 바를 선택했다고 한다. 노력하고 나아졌으니 기쁨을 얻어도 된다는 식으로 자기를 합리화하는 생각 습관이 있는 것이다.

학업에서도 동일한 효과가 나타난다. 시험 공부를 위해 노력한 시간을 자랑스럽게 느끼도록 유도된 학생들은 저녁에 탁구를 치거나 맥주를 마실 가능성이 더 높았다.

이런 뇌의 속임수를 심리학자들은 '목표 해방'이라고 한다. 갑자기 목표를 달성한 것으로 착각하고 이제까지 하던 노력에서 물러나도 괜찮겠다는 마음이 들게 하는 것이다. 자주 경험하는 예가 바로 시험 공부다. 공부보다는 공부 계획을 만들고서 뿌듯해하면서 내일부터 하자는 식으로 미루는 것도 이런 뇌의 거짓말 때문이다.

발전 자체는 문제가 아니다. 문제는 발전을 어떻게 바라보는 것이 좋은지에 대한 명확한 지침을 가져야 한다는 것이다.

'목표에 가깝게 얼마나 많이 발전한 것 같습니까?'라는 질문을 들으면 다음 날 운동을 빠지거나, 공부하는 대신 친구들과 어울려 놀러 가거나, 다시 중독으로 돌아갈 가능성이 높아진다.

이와 대조적으로 '그것을 목표로 하는 이유가 무엇입니까?'라는 질문을 던지면 결과는 달라진다. 오히려 더 집중하게 만든다.

홍콩 과학대학교와 시카고 대학교의 연구진은 참가자들에게 유혹을 거부한 이유를 기억해 보라고 하자 이런 목표 해방이 나타나지 않았고 69퍼센트가 유혹을 뿌리쳤다고 한다. '이유'를 떠올리는 방법이 효과적인 까닭은 이유가 기억나면 전과 다르게 자기만족이라는 보상을 느끼기 때문이다.

과거의 좋은 행동을 구실 삼아 욕구 충족을 정당화하려는 뇌의 거짓말에 직면하면, 잠시 멈춰서 목표와 이유를 떠올려 보도록 하자. 중독이 만든 요요현상의 함정을 넘어서는 간단한 방법은 의도적 질문으로 이유를 떠올리는 것이다.

죄책감 너머

우리는 실수를 하면 죄책감을 가진다. 나쁜 행동을 했고, 나쁜 결과를 만들었기에 죄책감을 가지는 것이 타당하다고 생각한다. 잘못한 행동에 대한 죄책감을 가지는 것이 도움이 되고 잘 하는 것이라고 생각한다. 그러나 습관 너머 습관, 즉 내면대화의 관점으로 볼 때 그렇지 않다.

왜 그럴까? 죄책감은 '다른 행동을 했었어야 한다.'고 생각하면서 과거의 그때를 나쁘다고 하는 것이다. 그런데 잘 들여다보면 이건 앞뒤가 맞지 않는 일이다.

우리가 어떤 행동을 하는 그 순간에는 그 행동을 어쩔 수 없는 선택, 최선의 선택이라고 생각하고 믿었기에 행동한 것이다. 그런데 죄책감은 반대로 지나고 난 뒤에 그 행동을 후회하는 생각이다.

행동한 그 시점의 생각과 다른 시점의 생각이 죄책감이다. 실수한 그 시점의 생각 습관을 넘어서는 것이 중요하다. 죄책감을 가진다고 해서 실수를 만들어 내는 뇌의 거짓말을 넘어서는 데 도움이 되는 것은 아니다. 오히려 죄책감 때문에 자신감이 낮아지고 '나는 이 정도밖에 안 되는 사람'이라는 식으로 자기 합리화를 할 가능성이 더욱 높아진다.

모종의 생각을 믿어서 그 시점에는 행동했다는 사실이 중요하다. 즉 우리를 함정에 빠뜨리는 바로 그 시점의 생각을 어떻게 놓아 버릴 수 있을지가 문제의 핵심이다. 그 시점의 생각을 만들어 내는 뇌의 거짓말이 어떤 것이고 어떻게 나를 꾀는지 자세하게 확인하는 것이 더 나은 방법이다.

이런 차이를 이해한다면 죄책감보다는 연민이 더 중요하다는 것을 알 수 있다. '왜 나는 바보 같지?'가 아니라, 그렇게 반응하게 된 이유를 발견하고 스스로를 안아 주는 것이 더 중요하다. '내겐 아직도 그것이 필요하다.'는 거짓말을 믿고 있는 자신을 안아 주는 것이 더 효과적이고, 더 좋은 선택을 하게 만드는 힘이 된다.

꼭 기억하자!

이토록 강력한 갈망으로 끓어오르는 내면대화를 경험하는 당신이 결코 문제가 있거나, 부정적이거나, 부족해서 그런 것이 아니다. 당신이 느끼는 그 느낌은 '당신 잘못이 아니다!' 우리 모두가 그런 뇌를 가진 인간이기 때문에 경험할 수밖에 없는 것이다. 누구라도 남에게 보여 주기 싫은 내면의 어느 곳에서 이런 경험을 한다.

개인적인 부족함이나 나약함이 아니란 사실이 위로를 줄 것이다. 나 또한 이것을 명확하게 알고 난 뒤 내가 문제가 아니고, 내가 부족해서도 아니란 안도감을 느꼈다. 모두가 그런 삶을 살고 있지만 말 못하고 있다는 것도 알게 되었다.

이전에는 이런 강박이 만든 느낌 안에서 허우적거리거나 불안감에 힘들어하고, 두려워했었다. 그런데 명확하게 알고 나니 뇌의 거짓말이 쏟아 내는 속임수라는 것을 직시하게 되었다.

예전에는 '이게 없어졌으면' 하는 바람이 있었다. 이것은 헛된 바람이었다. 이 바람이 나를 더욱 문제가 있는 사람으로 만들기 때문이다. 계속 중독 습관을 반복적으로 겪다 보니 점점 자기를 그럴 수밖에 없는 존재로 여기게 되었다.

그러나 이제는 불편한 느낌이 들거나 도파민의 거짓말이 올라올 때마다, 그 느낌이나 생각을 믿지 않는 것이 조금씩 가능해졌다.(물론 아직도 헤매고 있다. 그러나 전환점을 하나씩 찾아가고 있다. 이게 중요하다.) 이제는 이 속임수야말로 내가 직시해야 할 중요한 과제라고 받아들인다.

이제는 도파민의 내면대화가 올라오면 '너 또 올라오는구나. 그런데 나는 네가 지금부터 어떤 식으로 나를 힘들게 만들고 불편하게 만들지 알아!'라고 대응한다. 물론 안다고 해서 불편감이 줄지는 않는다. 하지만 이 불편감을 풀어야 할 숙제라고 받아들인다.

'불편아 와라, 내가 풀어서 더 큰 나로 갈 테니까!'

마지막으로 내면대화 관점에서 중독을 볼 때 '실패는 없다.'는 점을 기억하자. 왜 그럴까? 뇌의 거짓말이 어떻게 나를 끌고 가는지, 어디에서 실패하는지 아는 계기가 된 것일 뿐이기 때문이다. 우리 모두는 이렇게 실패를 딛고 오르면서 변한다. 우물에 빠진 당나귀처럼.

이 과정을 정확하게 보여 주는 아주 멋진 시가 있다.

나는 길을 따라 걸어간다. 그 길에 깊은 구멍이 나 있다.

나는 그 구멍에 빠진다. 나는 버림받았다.

절망적이다, 하지만 이건 내 잘못이 아니다.

한참이나 지나서야 나는 구멍에서 빠져나온다.

나는 같은 길을 걷는다. 그 길에 깊은 구멍이 나 있다.

나는 그 구멍을 못 본 척한다. 나는 또 구멍에 빠진다.

이럴 수가! 같은 곳에 또 빠지다니! 하지만 이건 내 잘못이 아니다.

여전히 오랜 시간이 흐른 뒤에야 나는 구멍을 빠져나온다.

나는 같은 길을 걷는다. 그 길에 깊은 구멍이 나 있다.

나는 구멍을 본다. 그러고도 빠진다. 습관 때문이다.

나는 두 눈을 뜨고 있다. 내가 어디에 있는지 나는 안다.
이렇게 된 건 내 잘못이다. 나는 즉시 그곳에서 나온다.

나는 같은 길을 걷는다. 그 길에 깊은 구멍이 나 있다.
나는 구멍을 비껴간다. 나는 이제 다른 길로 간다.

— 소걀 린포체

3부

습관의
뇌 리셋

"영혼의 여행에서 주된 목표는

자기에게서 부정적인 성질들을 정화하고,

과거의 정신적 상처들과 충격들을 치유하고,

자기를 제한하는 믿음들을 놓아 보내는 것입니다."

— 레너드 제이콥슨

많은 사람들이 명상이나 요가, 단전호흡, 다도, 운동을 한다. 심리학 서적을 읽거나, 소설을 읽거나, 여행을 즐기는 사람들도 있다. 이들은 무엇 때문에 계속 그것들을 할까? NLP, EFT(감정자유기법), 애니어그램, 참선, 삭발(이 리스트는 내가 직접 해 본 것들이다.)은 왜 하는 것일까?

이 모든 활동의 공통점은 바로 '평온한 상태'를 지향한다는 점이다. 이런 활동에 집중하다 보면 꽉 붙잡혀 있던 생각, 감정, 고통, 불편함, 스트레스에서 벗어나서 나를 좀 더 평온한 상태로 이끌어 주기 때문이다. 명상을 하면서, 운동을 하면서, 책을 읽으면서 위로받을 때 우리 마음은 상대적으로 나은 평온함을 느낀다. 화를 드러내고 풀어 주려는 것도 불편이 주는 고통을 벗어나 조금 더 나은 내면 상태를 얻기 위한 것이다.

데이비드 호킨스 박사는 이런 평온함의 핵심을 한마디로 '놓아 버림'이라고 말한다. 나쁜 습관은 부정적 믿음, 이것은 이래야 한다는 규칙, 억압된 감정이 만드는 두려움과 혼란에 붙잡혀 있는 것이고, 우리가 알아본 새로운 습관은 그것을 놓아 버리거나 흘려보내도 된다는 것을 익히는 활동이라고 볼 수 있다.

우리는 습관적 생각과 감정 안에서 실망, 불행, 그리고 부족한 판단, 착각에 붙잡혀 있다. 부족하고 앞뒤가 맞지도 않는 생각이나 감정 습관에 늘 붙잡혀 있다. 붙잡혀 있다는 것이 문제가 아니다. 적절하지도, 안전하지도, 즐겁지도 않고, 성장하기도 어려운 것에 붙잡혀 있는 것이 문제다. 도움이 안 되는 관점을 붙잡고 있으면서 그것이 유일한 방법이라고 여기는 내면대화를 놓아 버리는 것이 바로 습관 너머 습관의 목표다.

9장 행복을 선택할 때
당신이 기억해야 할 4가지

놓아 버림에 보다 익숙해지면, 모든 부정적 감정은 생존에 대한
근본적 두려움과 관련이 있으며 모든 감정이란 마음이 생존에
필요하다고 믿는 프로그램일 뿐이라는 점을 알게 된다.
놓아 버림 기법을 쓰면 프로그램이 점차 제거된다.
— 데이비드 호킨스

'습관 너머 습관'은 새로운 습관을 통해 기존의 생각과 감정 습
관을 자연스럽게 놓아 버리는 것이다. 놓아 버림은 본인이 원하는
방향으로 나아가기 위해 반드시 필요하다. 필요 없는 물건을 버리
듯이 원하지 않는 생각, 감정, 습관, 원한, 화냄, 믿음을 놓아 버려
야 한다. 자신을 마모시키고 자신을 가두는 모든 제한을 놓아 버
려야 한다.

끌어당기는 양쪽 사이에서 힘들어한다면 한쪽을 놓아 버리고
비워 버릴 때 원하는 것을 온전히 받아들일 수 있다. 놓아 버림이
있을 때 비로소 다른 것을 채울 수 있다. 마음의 특성상 서로 상
반된 생각은 저항만을 불러일으킨다. 습관적 생각과 감정을 놓지
못한 채 긍정적 생각만 채우려 한다면 혼란스러울 수밖에 없을
것이다. 이질적인 것들이 부딪히기 때문이다.

나쁜 습관을 바꾸는 과정을 경쟁하고 싸우는 과정으로 보기 쉽지만, 실제로는 그렇지 않다. 묵은 습관이 만든 안전지대에 붙잡혀 있게 만드는 자신의 믿음 또는 생각, 감정, 집착, 그래야만 한다는 규칙을 놓아 버리는 과정이다.

놓아 버리려면 그것을 들여다봐야 하고, 그것을 안아야 한다. 받아들임이 필요하다. 그 안에 숨겨진 진짜 소망을 알아야 한다. 속임수에 빠지지 않아야 한다.

장거리 달리기를 위해 출발선에 서 있다고 생각해 보자. 그런데 이 출발선이 잘못되었다면 어떻게 될까? 원래 시작해야 할 출발선에서 한참 떨어진 곳에서 시작한다거나, 향하는 방향이 잘못 되었다면 어떻게 될까? 고생은 하지만 엉뚱한 쪽으로 가서 결과는 더 나빠진다. 그것을 바로 잡아야 한다. 자기 한계적인 규칙이나 믿음, 오직 생존만을 위해 쏟아내는 내면대화로 꽉 찬 그 잔을 비우는 새로운 습관이 출발선을 찾을 수 있게 해 준다. 지금까지 알아본 내용을 한번 정리해 보자.

① 새로운 습관을 익혀야 하는 이유와 의미를 정확하게 기억하자.
덜 성숙된 뇌를 가지고 태어난 우리는 생존본능이 만들어 놓은 믿음, 생각, 감정·패턴을 넘어서서 훨씬 나은 인간으로 삶을 살아야 하는 숙제를 가지고 있다. 새로운 습관을 익히면서 자기의 안전지대를 넓히기 위해 지금의 안전지대를 넘어서는 것에서부터 시작해야 한

다. 불편이나 나쁜 습관은 각자의 고통 속에서 만들어진 당신만의 출발선이다. 이 과제를 풀어서 당신만의 새로운 방향으로 나아갈 수 있다.

② 새로운 습관을 익히면서 우리가 얻는 것은 무엇일까?

습관의 목소리를 따르지 않는 삶이 더 나은 것이라는 확신을 얻는 것이다. 이 방향이 아닌 저 방향을 선택하려면 확신이 들어야 한다. 확신이 들어야 뇌는 그것을 새로운 규칙으로 온전히 받아들인다.

새로운 습관을 들인다는 것은 새로운 습관이 자연스럽게 익숙해질 때까지 끌고 가는 것이고, 과정의 장점 때문에 확신을 가지고 사용하는 것을 의미한다.

해도 좋고 안 해도 좋다면 뇌는 편한 쪽으로 또 가 버린다. 저항이 가장 적은 길을 선택하는 것이 뇌의 특징이기 때문이다. 좋은 것을 경험한 기억들이 확신을 만들어 준다.

만일 지금 확신이 들지 않는다면 좋은 방법이 하나 있다. 지금부터 정말 확신하고 있는 것처럼 행동하는 것이다. 마치 그런 것처럼 행동하자.

공부하기 싫고, 일하기 싫은데 막상 하고 있다 보면 집중하고 있는 자신을 발견한 적이 있을 것이다. 이것을 뇌의 '작업 흥분'이라고 한다. 뇌는 막아서기도 하지만 막상 하고 있는 것에 집중하면 저항을 놓아 버리고 일에 집중하게 도와준다. 뇌의 이런 특성을 역이용하자. 당신이 진짜 그런 것처럼 하면 뇌는 유죄추정 원칙의 방향을 바꿀 것이다.

③ 놓아 버리고 비우기를 하는 이유를 명확하게 알아야 한다. 그것은 바로 행복으로 더 다가갈 수 있기 때문이다.

뇌 과학자나 심리학자들이 말하는 것을 한마디로 정리하자면 '인간의 원초적 모드가 행복이다.'라고 할 수 있다.

불편한 느낌 없이 뭔가를 온전히 즐길 때 우리는 행복하다고 말한다. 별다른 잡생각 없이 온전히 몰입하는 순간 행복을 경험한다. 이것이 본연의 행복이다. 아이들이 느끼는 행복이 이것이다. 아무리 힘든 환경 속에 사는 아이들이라고 하더라도 작은 돌멩이 하나, 나무 한 조각을 가지고도 멋지게 시간을 보낸다. 전쟁통이나 가축우리 같은 환경이라도 먹을 것과 안전이 보장되면 환한 웃음을 짓고 뛰어다닌다. 이것은 인간의 초기 상태가 행복이란 것을 보여 주는 증거다.

컴퓨터나 스마트폰 또는 기계장치들의 초기에 설정되어 출하되는 것을 초기 상태(default state)라고 한다. 인간도 이런 기계의 초기 상태와 같을 때는 행복을 느낀다. 당신이 불행할 이유를 가지지 않는다면 초기 상태의 행복을 경험하게 된다.

행복에 대한 어떤 정의보다 현실적인 정의는 바로 불행이 없는 상태다. 그런데 여기에 이런저런 부정적 생각과 사회적 압력이 세뇌되면서 우리는 '무엇을 해야 행복하다.'고 믿게 되었다. 그렇게 쌓아 둔 것을 치우면 우리의 원래 상태인 행복을 경험할 수 있다.

부정적 감정을 만드는 자신의 생각을 믿지 않으면 아무런 걱정이 없는 상태가 된다. 그리고 시간이 지나 그런 상태가 행복이었다고 확인하게 된다. 행복을 확인하는 일은 지나고 나서야 알게 되는 것이다.

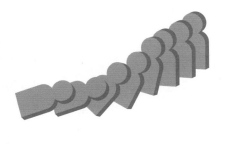

내면대화가 만들어 내는 도미노식 불행 만들기에서 빠져나오면 행복을 경험하게 된다. 내면대화를 다룰 수 있게 되면 당연히 더 많은 곳에서 행복을 발견하게 된다. 불편은 도전과제가 되고, 감정 저장고는 과거의 압력을 해소하는 곳이 되고, 진정한 소망을 발견하게 된다. 이렇게 행복은 의식적인 새로운 습관을 통한 '선택능력' 속에서 더 많이 자주 경험하게 된다. 행복은 의식적인 선택이다.

④ **놓아 버림을 위한 첫 단추는 나쁘다고 하는 것을 벗어나는 것이다.**
마음은 나쁜 것이라며 밀어내지 않아야 비로소 해결책이 보인다. 나쁜 것으로 보지 않고 수용할 수 있는 사람은 오직 당신 자신뿐이다. 유일하게 나만이 그럴 수 있기에, 나를 있는 그대로 바라볼 수 있어야 한다. 나쁘다는 관점을 털어 버리기 어려운 것은 본능적인 두려움 때문이다.

한밤중에 천둥 번개가 쳐서 두려움에 떠는 아이가 있다고 가정해 보자. 어떻게 하는 것이 가장 먼저일까? 바로 안아 주는 것이다. 불편을 주는 곳으로부터 도망가고 싶은 것은 두려움이다. 스트레스에서 도망가고 싶은 것도 두려움 때문이다.

UCLA 의과대학의 로버트 마우어 교수는 '스트레스는 없고 오직 두려움만 있다.'고 말한다. 나쁘다고, 불편하다고, 스트레스라고 받아들인 것은 두려움 때문이다. 두려움에 대한 생물학적인 최고의 대응은 바로 안아 주는 것이다. 안아 주는 것이 나쁘다고 밀어내는 것보다 훨씬 나은 새로운 습관이다.

부정적 생각과 감정은 나를 인질로 삼은 인질범과 같다. 불편을 도전과제로 전환해야 인질범으로부터 빠져나온다. 나쁜 습관은 없다. 불편은 없다. 오직 내가 그렇게 받아들여야 한다고 믿었던 과거의 해법이 만들어 내는 불편일 뿐이다.

새로운 습관에 확신을 가지자. 두려움을 일으키는 생존 위협은 벗어나거나 도망가거나 회피하게 만든다. 이것을 안고, 있는 그대로 경험하는 새로운 습관이 두려움에서 벗어나게 해 준다는 확고한 확신을 가지자.

불편을 더 잘 다룰수록 우리는 행복해진다. 습관이 만들어 놓은 내면대화를 내려놓고, 지금 이 순간 가장 적절한 반응을 선택하고, 오직 '너머'에 집중하면서 사는 것! 저항이나 두려움이나 불안으로 뭔가를 하는 것이 아닌 소망한 것을 중심에 놓고 사는 삶은 당연히 행복을 추구하는 삶이 된다.

당신이 확신해야 뇌가 그것을 받아들인다. 우리는 아니라고 하지만 은연중에 나쁜 습관을 확신이라는 자리에 앉혀 버렸다. 이제 삶의 주인이 되자. 그 자리에 새로운 확신을 자리 잡게 하자.

지금 존재하는 곳에 완전히 존재하라

저명한 사회심리학자인 에리히 프롬은 우리가 추구해야 할 삶의 모습을 이렇게 말한다.

"지금 존재하는 곳에 완전히 존재하라."

20년간 늘 내 마음속에서 울림을 주던 명언이다. 이 한마디를 곰곰이 되짚어 보기를 바란다. 완전히 존재하라는 그 '완전히'가 무엇일까? 실제로 우리는 지금 완전히 존재하기보다는 과거가 만든 생각과 감정에 붙잡혀 머릿속으로 들어가는 경우가 많다.

일례로 대화를 하고 있어도 완전히 존재하기보다는 이런저런 마음의 목소리 때문에 왔다 갔다 한다. 실제로 10분 중 7~8분 이상을 생각과 과거에서 헤매고, 2~3분만 지금 그 사람에게 집중하는 것이 사실이다. 이런 식으로 우리는 살아왔다. 삶의 많은 부분을 충분히 만끽하며 경험하기보다는 안전지대 안에서만 살아왔다. '완전히 존재하라.'는 말에 정신이 번쩍 드는 이유가 이 때문이다.

완전히 존재하려면 의도적으로 지금 현재 존재하는 것에 집중할 수 있어야 한다. 내가 어떤 행동을 하는 동안에는 다른 것이 아니라, 그 행동을 하는 것에만 의식을 집중해야 한다. 제대로 의식한다는 것은 각 상황에 적절한 존재 상태를 선택하는 것이다. 아이와 놀 때, 일을 할 때, 휴식을 취할 때, 누군가와 대화할 때 걸맞은 존재 상태를 선택해야 한다.

이 반대가 바로 습관적 생각과 감정에 이끌려 사는 것이다. 과거가 만든 규칙을 그대로 따르면서 불편함을 해결과제로 보지 않고 피하려고만 한다면 결국 우리는 지금 존재하는 곳에 완전히 존재하지 않는 것이다.

틱낫한 스님은 지금 존재하는 삶의 모습을 아주 명확하게 보여준다.

"'먹기 위해 요리하는 것이 아니고, 깨끗한 접시를 얻기 위해서 설거지하는 것이 아니다.'라는 사실을 깨달아야 한다. 다만 우리는 요리하기 위해서 요리하고, 설거지하기 위해서 설거지해야 한다. 일 자체가 당장 해치워야 하는 대상이 아니라 목적이 될 때, 모든 일은 수행이 된다. 그래서 먹고, 숨쉬고, 요리하고, 물 긷고, 변기 닦는 그 모든 것이 습관을 물리치는 수행이 될 수 있다.

그렇게 요리하는 기술, 청소하는 기술을 익힌 사람은 세상이 휘두르는 무기인 명성, 권력, 돈을 웃어넘길 수 있다. 성공과 실패라는 파도가 어떻게 밀려와도 그는 언제나 담담하게 자신을 지킬 수 있기 때문이다.

그들은 너무 위로도 너무 바닥으로도 가라앉지 않는 사람들이다. 비록 그들을 알아보는 사람이 없을지라도 그들은 진정한 영웅이다."

모든 것을 목적으로 선택하는 삶이야말로, 우리가 새로운 습관을 통해 얻고자 하는 종착점이라고 나는 생각한다. 이들이 영웅이라는 말에 전적으로 동의한다. 먹기 위해 요리한다면 요리하는 순간 나는 사라진다. 돈 벌기 위해서 일하면 나는 사라진다. 반면 각각의 상황에 주어진 것을 목적으로 받아들이면 충실하게 살게 된다. 온전히 존재하게 된다. 습관을 물리치는 수행이 된다. 목적으로 선택하는 것은 딴생각 없이 여기에 몰입하는 것과 같다. 그런데 이럴 때도 습관이 만들어 놓은 부정적인 내면대화가 올라온다면 어떻게 해야 할까?

① 나는 지금 X를 한다.

② 그런데, 내면대화가 있다는 것을 안다.

③ 싸우지 않고 그것을 그냥 놓아 버리고 오직 X를 하는 데 집중한다.

④ 내면대화가 또 올라오면 그것을 또 놓아 버리면 된다.

내면대화를 이렇게 다룬다면 모든 일이 정신근력을 키우는 수행이 된다. 내면대화 '위'에서 사는 삶을 위한 도장이 된다. 이런 방법으로 집안일이나, 지금 하는 일, 즐거운 활동을 하는 모든 것에 적용해 보면서 하나씩 늘려 가자. 내면대화 때문에 마음이 흩

어질 땐 알아차리고, 놓아 두고, 지금 하는 일에 주의를 집중하는 것이다.

관찰과 서핑

자주 빗나가는 주의를 의식적으로 거듭거듭 되찾아오는
능력이야말로 판단력과 품성과 의지력의 뿌리다.
이 능력을 기르는 교육이야말로 최상의 교육이다.
— 윌리엄 제임스

습관적인 내면대화가 들끓을 때 감정을 흘려보내고, 생각을 부드럽게 믿지 않고 진정으로 소망한 것을 발견한다. 우리 모두는 내면대화를 관찰할 수 있는 의식을 가지고 있다.

이러한 관찰하는 태도를 '이 말을 누가 하고 있는가?'라는 질문으로 바꿀 수 있다. 자신에게 속삭이는 말을 하는 주체가 '진정한 나'가 아닌, 뇌의 속임수이고 과거의 기억과 감정들이 만들어 내는 목소리임을 아는 것이다.

습관이 만들어 내는 생각, 감정, 행동보다 위로 올라가자. 더 이상 내면대화의 목소리가 아닌 자신을 회복하고 자신이 누구인가를 아는 것은 참된 자유를 되찾는 것과 같다.

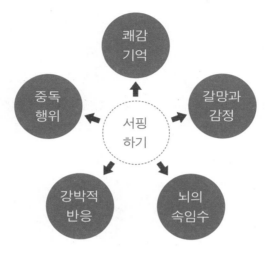

불편(갈망) 서핑 = 알아차림

자유의 핵심은 하나다. 바로 습관이 내뿜는 목소리가 자신이 아님을 확실히 아는 것, 즉 습관과 자신의 동일화에서 벗어나는 것이다. 그 첫 단추는 내면대화를 알아차리고 지켜보는 것이다. 그 에너지를 느끼고 받아들이고 놓아 버리는 것이다.

'이 말을 누가 하고 있는가?'를 비유적으로 설명하자면 운전자가 아닌 승객처럼 보는 것이라 할 수 있다. 운전자는 산란한 마음을 조정하거나 통제하거나 없애려고 하는 것이다. 이와 반대로 승객은 뒷자석에 편히 앉아 운전하는 데 전혀 관여하지 않고 그저 여행하는 동안 보이는 온갖 것과 일어나는 온갖 현상을 묵묵히 관찰하는 것과 같다. 버스 승객이 되어 내면대화를 바라보자.

충동 서핑이나 알아차림, 버스 승객 되기는 관찰하는 관점에 대한 비유다. OUT-SIGHT야말로 '습관 너머 습관'의 기본이다.

습관이라는 알아차림이 있어야만 '너머'나 '새로운 습관'이 의미를 가지기 때문이다. 심리학자 윌리엄 제임스가 말한 것처럼 자주 빗나가는 주의를 의식적으로 거듭거듭 되찾아오는 능력, 즉 제3자의 시선에서 부드럽게 바라보는 왓칭(Watching)이야말로 판단력과 품성과 의지력의 뿌리일 것이다.

관찰하고 서핑할 때 우리는 그것이 갈망이든, 뇌의 속임수든, 강박적 반응이든, 기억습관이든 그것에 붙들리지 않게 된다. 붙들리지 않기에 더 이상 생각과 감정에 연료를 공급하지 않고 전환점으로 향하게 된다. 그럴 때 평온하게 그것을 살펴볼 수 있다면, 그것이 습관 위에 사는 길이다.

이 과정에서 내가 경험한 한 가지를 이야기해 보고자 한다. 처음엔 생각지도 못한 곳에서 부정적 생각을 발견하는 일이 늘어났다. 특히 다른 사람들을 나도 모르게 자주 판단하는 것은 충격적이기까지 했다.

나는 왜 사람을 판단하는 생각들이 그리 자주 일어나는지 몰랐다. 하지만 판단할 때마다 무거운 느낌, 미묘한 불편함을 느끼곤 했다. 그런데 이런 불편을 만드는 그 생각을 들여다보니 그렇게 판단하는 이유가 '내가 저 사람보다 낫다.'는 것을 확인하고 싶어 하는 생각과 함께, '세상은 두려운 곳이고, 나는 여기서 눈치를 보면서 살아야 한다.'는 믿음이 있다는 것을 발견하게 되었다. 또한 '누군가에게 인정받고 싶은 욕구'도 있다는 것도 알게 되었다.

계속 나를 남들과 비교하고, 남들보다 나은지 확인하고, 인정받고 있는지 아닌지를 무의식적으로 눈치 보는 것은 나를 힘들게 했다. 비교하고 눈치를 보면서 불안과 불만을 늘 달고 사는 것이기 때문이다. 이런 생각들을 믿고 하나씩 다른 생각을 떠올리다 보니 어느 순간에는 다른 사람을 만나는 동안 계속 불편한 상태로까지 나아갔다.

이 불편이 점점 확장되어 작은 것에도 계속 생각이 많아졌다. 나의 행동에 대해 상대방이 반응하지 않는 것을 보고, 상대방이 나를 무시한다거나 내가 부족하다거나 하는 식으로 전개되곤 했다.

하지만 알아차리는 과정과 새로운 습관을 통해 나는 조금씩 생각이 만든 감옥에서 자유를 되찾게 되었다. 그리고 처음으로 그동안 사람들과 어울리는 것을 어려워하며 보낸 시간과 그 속에서 잃어버린 많은 것들이 안타깝게 다가왔다.

우리는 거의 자동적으로 '나는 뭔가 부족해, 그래서 그들이 내 실체를 알면 나를 멀리할 거야.' 또는 '내 모습을 그대로 보여 주면 그들이 나를 사랑하지 않을 거야.'라고 믿는다. 하지만 그것은 뇌의 습관적 거짓말일 뿐이다.

나는 이제 불편을 느낄 때마다 '불편은 없다.'고 받아들이려 한다. 불편에 파묻히기보다는 나를 깨워야 할 것들이 더 많이 보이는 순간이 늘어나게 되었다. 여러분도 불편함을 주는 경험이 있다면 그것들 모두가 풀어야 할 숙제라고 받아들이는 일이 많아지기를 바란다. 그것이 무엇이든 바로 그 너머에 진짜 내가 원하는 것이 있다는 것은 분명하다. 불편함을 느끼는 모든 것이 도전과제다.

뇌를 가진 인간이기에 우리는 어쩔 수 없이 동물적이고 반응적이고 습관적인 삶의 모습을 가질 수밖에 없다. 하지만 우리에게 주어진 인간으로서의 삶은 그 너머로 솟아오르기 위한 것이라고 나는 믿는다. 더 높은 수준의 자신을 위해 약한 척하지 말고 넘어서자.

<u>10장</u> 새로운 습관을 산다는 것의 의미

나쁜 습관은 새로운 습관이 될 때까지 계속 교체해야 한다. 그렇다면 '새로운 습관이 될 때까지'란 무엇을 말하는 것일까? 새로운 습관이 된다는 것은 뇌에 새로운 습관이 자리 잡아 습관의 뇌가 리셋되는 것이다.

우리는 이런저런 방법을 이용해서 더 나은 내가 되려고 하지만 실패를 더 많이 경험한다. 그러면서 효과가 없다고 말한다. 보통 효과가 없다고 판단하는 때까지 얼마의 시간이 걸릴까? 많은 경우, 하루 이틀 정도 해 보고 효과가 없다고 말한다. 또는 길어야 채 한 달이 되기 전에 효과가 없다고 판단한다.

『당신의 뇌를 리셋하라!』의 저자인 존 아덴 박사는 새로운 습관이 된다는 것의 의미를 이렇게 말한다.

"새로운 행동은 그게 새로운 습관이 될 때까지 하셔야 해요.

핵심은 발동이 걸릴 때까지 하는 것이죠. 이 말의 의미는 애써서 한다는 느낌이 들지 않아야 하며, 그 일이 쉬워질 때까지 계속해서 한다는 겁니다."

많은 사람들은 뭔가 부자연스러운 느낌 때문에 중도에 그만둔다. 하지만 이 부자연스러운 느낌은 자연스러운 반응이다. 부자연스러운 상태를 넘어설 때 비로소 새로운 기술을 익힌 것이다. 시험을 치기 위해 그 내용을 달달 외울 수 있을 때까지 반복하는 것과 같다. 시험 전날 벼락치기로 공부한 것은 시간이 조금만 지나도 기억나지 않는다. 당연히 기억되는 수준까지 반복해 뇌에 각인시켜야 한다.

습관이 되었는지 아닌지를 돌아보는 중요한 기준을 명심하자. '애써서 하는 느낌이 없이 그냥 하게 되는 것'이다. 이게 습관의 뇌 리셋이다. '나는 안다.' 또는 '나는 이제 된다.'가 아니라, '내가 그랬나?' 수준이 습관이 되었다는 것을 뜻한다. 자연스러울 때까지 그렇게 하는 것임을 잊지 말자.

습관의 뇌 리셋 1 = 자동반응 넘기

우리는 자기 발등을 찍는 행동을 저지르곤 한다.

예를 들어 가족과 함께 저녁식사를 하기로 한 날이다. 저녁 7시에 만나기로 했는데, 30분이나 늦었다. 당연히 미안한 일이지만, 모두 내 잘못인 것은 아니다. 회사에서 미팅이 길어져 퇴근이 늦었기 때문이다. 8시가 넘어서야 식당에 도착해서 사과했다. 이렇게 끝냈다면 좋았을 것이다.

하지만 아내는 아이들이 잘못한 일에 대해 화를 내고 있었다. 화내는 소리를 듣고 있으니 나에게 하는 이야기 같고, 내 안에 뜨거운 느낌과 억울함도 밀려왔다.

나는 이유를 늘어놓았다. 물론 목소리가 그리 좋지는 못했다.

"그래, 일부러 늦으려고 한 것은 아니었겠지. 내가 그걸 가지고 뭐라 했어?"

아내의 말에 가시가 느껴진다. 나는 그쯤에서 멈췄어야 했다.

"어쩔 수가 없었단 말이야! 그리고, 애들한테 화 좀 그만 내면 안 돼?"

어쩔 수 없었던 미팅임을 설명하고, 지금 이 분위기가 너무 싫다고 하면서 말이다. 그러나 말이 길어지면서 서로 자꾸 엇나가고 점점 열기가 올라오고, 서로 기분만 나빠지는 상태가 되었다.

"대체 내가 뭘 잘못했다고!"

나는 이 말을 내뱉었다.

"날 보고 도대체 어떻게 하라는 거야?"

아내도 이렇게 반응했다.

이 순간부터 엉망이 된다. '반응'에 '대응'을 거듭하며 점점 더 나빠진다.

돌아보면 서로가 원한 것은 단 하나다. 함께하는 즐거운 저녁 식사였다. 미팅으로 늦어진 것이 즐겁게 보내지 못할 이유도 아니고, 아이들 잘못을 나무란다고 엉망이 될 이유는 전혀 없었다. 그런데 반응에 반응하고 응수에 응수할수록 상황은 점점 더 나빠지고, 정작 서로가 원한 것과는 정반대의 결과가 된 것이다.

그럼 여기서 원래 소망한 즐거운 식사시간을 망친 주범은 과연 무엇일까? 성격 탓이었나, 누구의 탓이었나? 아니다. 범인은 바로 자동반응, 즉 습관이었다.

내가 약속 시간에 늦은 것을 억울해하는 내면대화에 자동반응해서 이유를 구구절절 설명했다. 아이들에게 나무랄 수 있는데, 그 장면을 보고 나의 기억을 떠올리고 나도 모르게 과거의 감정에 사로잡히고, 여기에 자동반응 하면서 인내심을 잃었다. 아내도 나의 이 반응에 자동반응으로 화를 낸 것이다.

분명히 논쟁을 하려던 게 아니었다. 늦은 이유를 설명한 이유는 싸움을 피하기 위해서였다. 그러나 가족들과 좋은 시간을 보내려는 의도는 빛을 잃었다. 선한 의도는 있었지만, 자동반응으로 꼬이고 만 것이다.

그렇다면 약속 시간에 늦었지만, 쓸데없이 다투지 않고 빨리 즐거운 시간으로 돌입하고 싶다면 어떻게 해야 할까? 리셋 버튼을 누르는 것이다. 일상적인 상황에서 가장 좋은 리셋 버튼은 바로 호흡이다.

깊게 심호흡을 하면서, 동시에 이런 내면대화가 내뿜는 불편함을 놓아 버린다. 습관적 자동반응을 리셋(reset)하는 것이다. 변명하고 싶은 본능, 과거의 기억이 만들어 놓은 감정적 불편을 놓아 버리는 것이다. 그리고 상대가 어떤 감정인지를 생각해 보고, 이렇게 말하면 어땠을까?

"미안해, 늦었어. 기다리느라고 지루하고 걱정 많이 했지? 요즘은 여러 번 이런 일로 늦네. 우리 가족의 소중한 시간인데, 오래 기다리게 한 거 정말 미안해. 그리고 요놈들 오늘 아빠가 늦었는데, 엄마랑 좋은 시간 보내고 있었으면 더 좋았을 텐데……. 여보, 우리 여기서는 좋은 시간 보내고 내일 다시 아이들이랑 이야기하는 건 어떨까?"

이렇게 말하는 것이 내면대화에 자동반응하는 것보다 더 나은 길이다. 습관의 뇌가 만들어 놓은 자동반응은 상대의 감정보다 '내가 늦을 수밖에 없었던 이유'가 당연히 더 중요하게 보이게 만든다. 화내는 모습에 과잉반응하는 내 감정이 더 중요하고 당연해 보인다. 불가피한 이유를 들고, 이런 시간에 화를 내는 상대방이 미워지는 식으로 자기보호를 하려고 한다.

반면, 자기보호 대신 상대의 마음 상태를 헤아리는 것은 전혀 다른 새로운 선택한 반응이다. 습관의 뇌는 '나의 행동을 정당화하는 것'에 초점이 맞춰져 있다. 물론 이런 습관의 뇌가 만드는 반응을 바꾼다는 것이 쉬운 일이 아니다.

우리가 삶에서 원하는 것은 확실하다. 원만하고 친밀한 관계, 자부심을 느낄 만한 성취, 일터에서의 의미 있는 성공, 다른 이들을 행복하게 해 주는 것, 마음의 평화다. 여기에 도달하는 길 역시 분명하다. 그런데 습관적인 내면대화에 바로 자동반응하면서 엉뚱하게 가 버린다.

습관의 뇌 리셋은 그래서 중요하다. 첫 생각, 첫 반응을 믿지 않고 먼저 호흡으로 마음과 몸을 이완시키는 것이 먼저다. 그런 다음에 생각 언어를 이용해야 한다. 숨을 깊이 들이쉬고 내쉬는 동안 우리는 섣부른 결정을 똑똑한 결정으로 바꿀 수 있다.

호흡과 뇌

컨설팅 회사의 CEO이고 '신경 리더십'을 제안한 데이비드 룩은 『일하는 뇌』에서 무척 재미있는 비유를 든다.

"뇌 영상 사진을 보면서 뇌를 관찰해 보면 자극이 끊임없이 이동하는 것이 확인된다. 어느 부위가 바빠지면 다른 부위는 조용해진다. 마치 출근 시간에 교외에서 도심으로 사람들이 밀려들어 오다가, 퇴근 시간이면 반대로 교외로 빠져나가는 모습을 도시의 상공에서 지켜보는 것과 비슷하다. 이는 사실 활성화된 뇌에 대한 썩 괜찮은 비유다."

이쪽에서 저쪽으로 움직이는 것이 전환의 길이다. 호흡은 뇌의 방향을 바꾸는 쉬운 방법이다. 호흡에 집중하면 뇌의 활성화가 이쪽에서 저쪽으로 이동하게 된다. 호흡은 뇌의 리셋 버튼이라고 할 수 있는 이유다. 일상에서 적용하기 쉬운 놓아 버림 호흡법을 익혀 보자.

1) 양쪽 어깨를 위로 올리면서 숨을 들이마시고, 툭 내려놓으면서 숨을 내쉬어 보자.

2) 뭔가 풀려 버리거나 날아가 버린다고 상상하면서 이렇게 반복해 보자.

3) 지금 걱정하고 있는 것을 떠올리면서 호흡과 함께 어깨 떨어뜨리기를 1분만 지속해 보자. 분명히 막혀 있거나 또는 답답한 느낌이 줄어들 것이다.

4) 다른 방법으로 팔을 구부리지 말고 어깨 높이만큼 올리면서 숨을 들이마시고, 반대로 숨을 내쉬면서 자연스럽게 툭 내려놓아도 비슷한 효과를 얻

을 수 있다.

5) 여기에 호흡하면서 속으로 들이쉴 때 '들이쉰다', 내쉴 때 '내쉰다'를 말하면서, 숫자를 세어 보자. '들이쉰다', '내쉰다'를 한 번 했을 때 '한 번'이라고 속으로 말하면서 4번에서 10번까지 하는 것이다.

이 새로운 습관을 습관의 뇌 리셋 버튼이라고 기억하자. 내면대화의 불편함이 올라올 때엔 이제 자동반응하지 말고 리셋 버튼을 누르도록 하자.

습관의 뇌 리셋 2 = 맑은 물 대기

아침에 일어나 무거운 몸을 일으켜 세우려고 하지만 '조금 더 자고 싶다.'는 생각과 함께 '무거운 감정'으로 힘겹게 하루를 시작한다. 눈을 제대로 뜨지도 못하고 화장실로 간다. 이 짧은 순간에 세면대에 손을 대기도 전부터 오늘 하루에 대한 걱정, 뭘 해야 할지 등을 생각하면서 마음이 무거워진다. 지난밤 잠을 자면서 충전해 놓은 얼마 안 되는 에너지가 아침이 되자마자 이렇게 소모되고 벌써 힘에 부친다고 느낀다. 잠마저도 충분치 못한 날은 이를 악물고 출근을 준비하는 경우도 종종 있다.

출근하는 동안 교통체증과 사람들에 치이면서 스트레스를 경험한다. 일터에 도착해서 기쁨이나 흥분 대신에 해야 할 일에 압도되어 두려운 감정을 느낀다. 이렇게 시작한 하루는 점심시간이나 마칠 때만을 바라고 기다리면서 어쩔 수 없다고 스스로 생각하며 보낸다.

직장 동료나 상사와의 관계도 항상 만족스럽지 않다. 잘 보여야 한다는 생각, 상사나 동료에 대해 왜 저렇게밖에 못하는지에 대한 불만에 붙잡혀 있다 보면 일하는 것이 돈 말고는 아무런 의미도 없어 보인다. 이렇게 하루를 보낸다. 하루가 채 가기도 전에 완전히 지쳐 버린다. 몸도 마음도 피곤하고 억눌린 감정을 풀고 싶어진다. 인근 술집에서 동료들과 수다를 떨거나, 이도 안 되면 집에 들어가 그냥 텔레비전을 보거나 게임을 한다. 이렇게 시간을 보내면 기분이 조금 좋아진 것 같은 느낌이 든다.

그러나 이렇게 보낸 하루는 감정 저장고에 아픔을 더하게 된다. 마치 압력에 압력을 더하는 것과 같다. 어느새 소중한 가족들을 대하는 것도 힘들어진다. 내가 힘들어 견디기 어려워지니 나를 이해해 달라고만 요구하고, 괜한 억지만 늘어난다. 점점 멀어진다. 날마다 힘들게 보낸 하루는 이렇게 마감되고, 잠에 들고 이것이 늘 반복된다.

여러분의 하루가 이런 모습이 아니길 바라지만, 우리 일상은 감정의 저장고를 비우기보다는 채우는 쪽으로 갈 가능성이 많은 것도 사실이다. 이것을 명확하게 이해한다면 나쁜 습관을 넘기 위해서 하루를 보내고 난 뒤 내면을 청소하는 시간이 반드시 필요하다는 것을 알 수 있다. 이것이 바로 '습관의 뇌 리셋'으로서 '맑은 물 습관'이다.

감정 저장고에 아픔을 더하는 식으로 보내는 하루는 흙탕물에 비유할 수 있다. 흙탕물이 계속 출렁인다. 다양한 사건과 과거의 기억, 감정들로 계속 흔들리면서 흙탕물을 출렁이게 한다. 이렇게 혼탁한 물에 계속 손을 대면 더 혼탁해질 뿐이다. 새로운 습관을 통해서 조금씩 고요함을 만들려 노력할 수도 있지만, 하루 종일 계속 반복되는 흔들림이 있다면 흙탕물은 계속 남아 있을 수밖에 없다. 이런 혼란이 사회생활을 하면서 반복되고 강해지면 어느 순간 다시 습관의 안전지대로 돌아가 버리게 된다.

계속 출렁이는 물을 맑게 하려면 좋은 방법은 여기에 맑은 물줄기를 대 주는 것이다. 여기서 맑은 물줄기란 시간을 따로 떼어서 자신만을 위한 리부팅 시간을 가지는 것을 뜻한다. 의도적으로 시간을 내어 습관의 뇌를 리부팅하는 것이다.

컴퓨터가 느려지면 리부팅해서 메모리를 깨끗하게 비우는 것과 같다. 일상이 주는 부정성을 넘기 위해 하루를 시작하고, 하루를 마감할 때 맑은 물을 공급하는 별도의 시간을 '의례'처럼 마련하는 것이다. 이게 맑은 물 습관, 습관의 뇌 리셋이다. 우리에겐 이런 맑은 물이 반드시 필요하다.

이 맑은 물의 첫 단추 역시 호흡이다. 다만 차이점이 있다면, 앞서의 호흡은 나쁜 습관이 고개를 들 때 하는 처방전식 호흡이다. 그리고 지금 소개하는 리부팅 호흡이란 늘 자주 호흡으로 돌아오는 것을 이른다. 이 호흡은 생각의 흐름에 틈을 만듦으로써 관찰하는 의식을 자주 경험하게 해 준다. 그 틈의 시간적 길이는 신경 쓰지 않아도 된다. 단 몇 초만이라도 충분하다. 그 틈은 점점 길어질 것이기 때문이다.

시간적 길이보다 중요한 것은, 그 틈을 자주 가져와서 당신의 매일의 활동, 생각의 흐름 여기저기에 사용하는 것이다. 의식적인 호흡을 하루에 가능한 여러 번 반복하여 리셋을 자주 활용하자.

자신의 호흡을 자각하면 생각으로부터 관심을 돌려 내적 공간을 만들고, 고요함을 느낄 수 있다. 자신의 호흡을 의식해 보자. 호흡의 감촉에 주목하자. 공기가 몸 안으로 들어오고 나가는 것을 느껴 보라. 들숨과 날숨과 가슴과 배가 조금 팽창했다가 수축하는 것을 느껴 보라. 이것은 당신의 삶에 내적 공간을 만드는 훌륭한 방법이다.

이런 호흡은 당신을 지금 이 순간으로 오게 한다. 호흡을 의식할 때마다 당신은 절대적으로 현재의 순간에 존재한다. 다른 생각을 하면서 동시에 호흡을 알아차릴 수는 없기에 고요해진다. 호흡에 집중하면 마음의 활동이 정지된다. 그래서 리셋이 된다. 이것을 1년 동안 계속하는 것이다. 그러면 분명히 확실한 변화를 경험하게 된다. 무엇보다 좋은 점은 호흡이 무료란 점이다.

두 번째로 '습관의 뇌 리셋'을 위한 '의례'를 시행하는 것이다. '의례'라는 말에 주목하자. 아침과 저녁 시간에 따로 시간을 내야 한다. '의식적 행동'을 반복적으로 하는 것이 의례다. 종교적 행사처럼 하는 것이다.

습관의 뇌 리셋을 위해 2가지 의례를 가져야 한다. 자기 전 10분과 일어난 뒤 10분이다.(물론 이것은 최소한의 시간이다. 시간을 더 늘리면 좋다. 그러나 처음부터 욕심내지 말기를 바란다.) 이 시간은 오직 자신을 위한 시간으로 별도로 빼서 맑은 물을 공급하는 것에만 사용한다. 맑은 물은 사람에 따라서 명상이 될 수도 있고, 감정일기를 적거나, 책을 읽거나, 더 나은 나를 위한 새로운 내면대화를 심는 확언을 하거나, 어제 하루를 돌아보면서 감정 저장고를 비우고 부정적 생각을 조사하고 놓아 버리는 시간이 될 수도 있다.

감정의 저장고에 또 감정적 찌꺼기를 채우지 않으려면 자기 전 10분 동안 오늘 하루의 일정을 정리하면 좋다. 일기를 쓰거나, 혼란스러운 생각 언어, 감정 언어를 경험했다면 그것을 새로운 습관을 이용해서 다루는 시간을 가져도 좋다. 명상의 알아차림을 훈련하는 것도 좋다.

아침의 10분도 중요하다. 아침부터 습관의 내면대화에 따라 급하게, 부정적인 생각으로 시작한다면 하루가 어그러지기 쉽다. 이런 상태를 하루의 출발점으로 삼아서는 안 된다. 호흡에 집중하거나 자신에게 새로운 생각을 심어 주면 효과적이다. 자신의 꿈과 소망을 확언하거나, 오늘 해야 할 일을 멋지게 잘 처리하는 상상을 하는 것도 좋다. 자기계발서를 몇 페이지라도 읽고 그것을 출근하는 동안 충분히 생각해 보는 것도 좋다.

열정만으로는 또 넘어진다

아마존에서 베스트셀러가 된 『미라클 모닝』의 저자인 할 엘로드는 책에서 '습관의 뇌 리셋 프로그램'을 6개로 제안한다. 아침에 일찍 일어나 6개의 의례를 하라고 제안한다. 아침형 인간은 자주 이야기되는 주제이며, 이와 비슷한 내용들은 자주 반복적으로 베스트셀러가 된다.

그런데 왜 이런 많은 프로그램들이 그리 오래가지 못하고 사라졌을까? 꿈 또는 비전만으로 지속적인 변화를 이루려 하면 함정에 빠질 수 있기 때문이다. 꿈과 열정을 강조하는 책이 인기를 끌고 나면 많은 사람들이 따라서 시작해 보지만 얼마 지나지 않아 중도 탈락하고 만다.

그 이유는 우리가 알아본 내면대화를 다루는 과정 없이 꿈과 열정만을 강조했기 때문이다. 처음에는 꿈과 열정이 주는 동기가 에너지를 제공해서 시작할 수 있었다. 그런데 일상이 주는 다양한 상황에서 내면대화를 다루는 법을 익히지 못하면 자신의 열정과 일상의 부정성이 부딪히면서 내면의 혼란이 가중된다. 그러면서 저항이 조금씩 쌓이는데, 계속 열정만을 강조하게 되면 무기력해지기 마련이다.

그러니 내면대화를 다루는 방법을 제대로 익히는 것이 첫 단추다. 그리고 '맑은 물 대기 = 습관의 뇌 리셋' 단계로 가는 것이 더 나은 방법이다. 그래야 올바른 균형점이 생기고, 자신의 꿈을 찾고, 삶을 더 풍요롭게 살아갈 수 있게 된다.

당신이 원하는 삶을 이루는 비결

동경대학교 의학박사와 경영학박사란 독특한 이력을 가진 이노우케 히로유키는 인생이 원하는 대로 이뤄지지 않는 이유를 이렇게 말한다.

"인생이 원하는 대로 이루어지지 않는 사람은 생각과 말과 행동이 '일치'하지 않기 때문이다. 뇌는 끊임없이 생각의 집을 짓고 부수는 과정을 반복한다. 그런데 어떤 사람은 생각을 집으로 항상 완성하는가 하면, 어떤 사람의 생각의 집은 설계도만으로 사라진다."

완성된 집은 혼란 없이 생각, 말, 행동을 같이하는 집이라면, 설계도만 있는 집은 통합되지 않고 혼란스러운 상태를 의미한다.

마케팅 전문가이고 목사이기도 한 조 바이텔리는 완성된 집을 '의식과 무의식의 정보 일치'라고 말한다.

"당신이 원하는 것을 당신의 의식 세계는 정확히 알고 있다. 그러나 당신의 무의식 세계는 그 정보 대신 다른 정보를 인식하고 있다. '잘 안될 거야.' '내가 어떻게 해 내겠어?' '내겐 너무 어려운 일이야.' 무의식 세계도 자체적으로 끌어당기는 힘이 있다. 부정적인 정보가 계속 인식되게 되면 의식 세계조차 흔들리게 된다.

따라서 우리가 원하는 것을 이루고자 한다면, 의식 세계가 인식하는 정보와 무의식 세계가 인식하는 정보를 언제나 '일치'시켜야 한다. 그런데 놀라운 것은, 의식 속의 믿음은 '스스로 믿고 있다.'라고 생각하는 것에 불과하다는 점이다. 실제로 믿고 있는 것은 바로 잠재의식 속의 믿음, 마음속 가장 깊은 곳에 자리 잡고 있는 믿음이다."

성공의 열쇠는 바로 이 의식과 무의식의 정보를 '일치'시켜 주는 작업이고, 이것이 생각의 집을 완성하는 열쇠다. 내면대화를 다루는 새로운 습관은 이런 통일성을 하나하나 만들어 준다.

내가 지금 이 순간 확실히 아는 것은 이것이다. 순간순간 사랑하고, 순간순간 행복하고, 순간순간 의미를 발견하고, 순간순간 충실하게 사는 것 그리고 이 순간이 모여 내 인생이 된다는 것이다.

나오며 삶의 이야기를 바꾸기

충동은 하나의 신호다.

그것은 무언가 잘못되었으며 균형을 벗어나 있음을 알리는 신호다.

자신의 삶에서 무언가 돌봐야 할 부분이 있다는 의미다.

알람시계가 울리면 일어날 때가 되었음을 알리는 것과 같다.

지금까지 당신은 알람시계가 문제라고 생각했다.

그러고는 알람을 꺼 버리고 계속해서 잠을 잤다.

그러나 이제 당신은 알람 소리가 비록 유쾌하지 않지만

나름의 목적이 있음을 기억해야 한다.

알람을 꺼 버리는 대신에 이제 거기에 귀를 기울여야 한다.

— 토마스 비엔, 비버리 비엔

내면대화가 만들어 내는 감정과 생각 그리고 신체 언어들은 우리가 믿고 경험하는 삶의 이야기를 이루게 된다. 영화나 소설 속의 스토리와 똑같다. 우리는 모두 머릿속에서 만들어진 삶의 이야기를 하나씩 가지고 살아가고 있다. 그리고 동시에 이 삶의 이야기를 어떻게 풀어야 할지 숙제로 가지고 있다.

내가 그토록 좌절하고 고통스러운 가운데 나쁜 습관에 휩쓸릴 때를 돌아보면, 어려움과 고통, 말도 안 되는 충동, 음울함의 '내면대화'가 만들어 내는 삶의 이야기들을 당연한 것 또는 내 것으로 받아들였던 시절이었다. 그 결과 그 안에서 허둥대면서 붙잡혀 있었다. 다른 길이 있다는 것을 받아들일 수 없었다.

그것들은 자신을 비판하는 것이거나, 사랑받을 수 없다는 느낌, 막아서는 느낌, 비교하면서 늘 은연중에 불만으로 이뤄진 것들이었다. 그런데 내면대화를 다루면서 하나씩 풀어 주고 떠나보내니, 같은 현실이지만 행복감은 조금씩 더 높아졌다. 그리고 확실하게 알게 되었다. 내면대화가 장식한 삶의 이야기가 허구라는 것을! 그때서야 소망하는 것들을 자연스럽게 내 것으로 받아들일 수 있었다. 좋은 것을 받아들일 때 생기는 마음의 저항이 확연히 줄어들고, 더 좋은 것들을 꿈꿀 수 있게 되었다.

이 과정에서 이전에는 몰랐던 다른 습관들을 알게 되었다. 조금씩 깊어질수록 이전에는 보이지 않았던 것들을 알아차릴 수 있었다. 삶은 이런 식으로 나에게 하나씩 넘어서고 해결할 과제를 드러내 주는 것이라 생각된다. 이 과정에서 심리적인 안정감을 찾고, 또 다른 고통을 발견하게 되고, 또 새로운 습관을 통해 그것을 놓아버리는 순환을 경험하게 된다. 한마디로 습관 너머 습관은 지속적인 과정이라 할 수 있다.

자기계발을 열심히 하는 분들이 어느 순간 좌절하거나 혼란을 경험하는 경우가 종종 있다. 나 또한 그랬다. 이런 문제가 생기는 이유가 무엇 때문일까?

낡은 삶의 이야기를 청소하지 않았기 때문이다. 습관이 만들어 놓은 부정적인 믿음, 부정적 감정, 타당하지도 도움도 되지 않는 생각, 힘들었던 과거 때문에 만들어진 부정확한 기억들을 청소하지 않은 채, 새로운 삶의 스토리(=자기계발)들을 더하면서 혼란과 좌절을 경험할 수밖에 없다.

채워진 잔에는 새로운 것을 담을 수 없다. 아무리 좋고 긍정적인 스토리라고 할지라도, 그것이 낡은 것들과 서로 충돌하게 되면 이중적인 감정, 이중적인 생각들이 혼란을 일으켜 좌절과 어려움을 경험하게 될 수밖에 없을 것이다.

나쁜 습관들은 모두 무엇에 집중해야 할지, 내가 어떤 믿음을 가지고 있으며, 어떤 청소가 필요한지를 알려 주는 큐 사인이 될 수 있다. 이 큐 사인을 통해 새로운 삶의 이야기로 스스로를 업그레이드해야 한다. 그렇지 않으면 인간의 뇌는 또 생존에 초점을 두면서, 최상을 기대하기보다는 최악을 기대하는 쪽으로 끌고 갈 것이기 때문이다. 그런 면에서 나를 위한 최고의 훈련장은 지금 바로 당신이 처한 환경이고 당신 자신임에는 분명하다. 나쁜 습관은 나의 알람이다.

내게는 이 알람을 알람으로 알고 그 목적을 알아보게 되는 과정이 조금 독특했다. 개인적인 이유로 남들보다는 조금 빠른 중간 은퇴(?) 3년과 중간 은퇴 전후 1년씩 도합 5년 동안 나를 깊이 들여다볼 수밖에 없는 시간을 보내게 되었다. 도서관으로 다른 장소로, 다른 나라로 움직였다. 그리고 어느 날 갑자기 책을 적어야겠다는 마음 때문에 여기에까지 이르게 되었다.

이 과정에서 이것은 이래야 한다는 판단이나 내가 철석같이 믿고 있던 것들이 여지없이 무너졌고, 어느 하나 나를 지탱할 곳 없다는 절망감이 든 적도 있었다. 낡은 삶의 이야기들이 강하게 착달라붙어 있다는 것을 너무나 다양한 지점에서 발견하고 청소하는 시간을 오래 가졌다. 물론 지금도 흔들리고 있고 청소할 것이 많을 것이다.

하지만, 청소를 하면서 삶에서 없었으면 하고 바랐던 것, 너무 힘들었던 일, 고통스러웠던 순간들이 모두 숨겨진 선물을 가지고 있었다는 것은 알게 되었다. 단지 그때는 그것이 큐 사인으로 나에게 다가오지 못했을 뿐이었다.

만일 누군가가 나에게 무엇이 바뀌었고 무엇을 얻었냐고 묻는다면 이렇게 말할 것이다.

"내가 바라거나 예상하는 대로 습관적으로 판단하고 반응하는 것에서 자유로워지니, 상황이 바뀌고 새로운 것이 펼쳐졌을 때 있는 그대로를 경험할 수 있게 되었습니다. 지금 하는 일에서 그동안 놓쳐 버렸던 행복을 찾게 되었고, 앞으로 남은 삶이 더 기대됩니다."

지금 내가 하는 일에서 행복하기를

만약 지금 하고 있는 일이 소명으로 다가오지 않고, 나에게 도움을 주고 자유와 행복을 주지 못한다면 어떨까? 아무리 경제적 보상이 좋더라도 그 일은 당신에게 고통을 일으킬 것이다. 일의 양이 많고 적고의 문제가 아니다.

긍정적인 삶의 스토리는 지금 하는 일에까지 당연히 확대되어야 한다. 삶의 스토리는 개인적 차원을 넘어 지금 하는 일 속에서도 새로운 스토리로 바꿔 나가야 한다. 일은 단지 돈을 버는 것을 뛰어넘어 우리 삶의 중요한 부분이기 때문이다. 지금 하는 일이 고통스럽다면 이것을 큐 사인으로 받아들여야 한다.

운 좋게 의료계에서 마케터, 컨설턴트로 지낼 수 있었다. 이 과정에서 '개인 습관' 못지않게 '조직 습관'이 사람들을 불행하게 만든다는 것을 발견하게 되었다. 오래 근무할수록 많은 사람들이 더 무기력해지거나, 더 고집스러워지거나, 다른 사람들을 신뢰하지 못한다는 것은 분명히 뭔가 잘못되었다는 것을 보여 주는 증거다.

특히나 일 자체에서 보람을 가질 수 있는 의료업계가 똑똑한 사람들이 만드는 조직임에도 불구하고 행복하거나 건강하지는 않다는 것도 문제의식으로 다가왔다. 이 문제에 대한 유용한 답을 '습관과 뇌'에서 찾을 수 있었다. 개인의 습관, 조직의 습관을 바꾸는 것에 비슷한 공통점이 있다는 점도 확인할 수 있었다.

일에서 의미를 찾는 새로운 습관, 행복한 병원을 만드는 새로운 습관, 조직에서 사람을 살리는 새로운 습관, 긍정적 조직을 만드는 새로운 습관, 서로를 살리는 대화 습관을 어떻게 같이 만들어 갈 것인가를 고민하고 같이 나누고 있다. 그리고 이 고민을 더많은 분들과 같이 나누고 같이 해결하기를 늘 기대한다.

이 책에 대해서나 또는 어떤 이야기라도 많은 분들과 같이 나누고 싶기에 언제라도 docdoc7@naver.com으로 연락해 주기를 바란다. 같이 더 좋은 것을 나누고 싶다.

책을 마무리하면서 많은 분들에게 깊은 감사와 용서를 구하고 싶어진다. 그동안 만난 많은 의료계의 원장님들과 같이 일을 한 많은 분들에게 먼저 감사와 용서를 구한다. 그분들과 같이 지내면서 지금의 내가 있었기에 감사하고, 나의 스토리가 부족해 더 좋은 것들을 함께하지 못한 데에 용서를 구한다.

마지막으로 가족들에게도 감사와 용서를 구한다. 삶 속의 모든 장소와 모든 상황이 성장의 기회를 선사한다고 믿는다. 그리고 성장을 위해 가장 좋은 장소는 바로 여기이고, 가장 좋은 때는 지금이라고 믿는다. 그런데 가장 어렵기도 하고 행복하기도 한 곳이 가족이다.

언젠가 읽은 책에서 가족에 대해 이렇게 말했다. "당신을 성장시켜 줄 기회 앞에서 감사하라. 모든 시련 중에서 가장 위대한 시련은 가장 가까운 가족이 있는 집에서 겪는 시련이다."

나를 속속들이 알고 나의 모자란 부분도 너무 잘 아는 가족들에게도 용서를 바라고 사랑한다고 말하고 싶다. 내가 우리 가족에게 시련이 아닌 좋은 파트너가 되기를 바라면서.

참고도서

『3개의 소원 100일의 기적』
이시다 히사쓰구 저 | 이수경 역 | 김영사

『3분 시크릿 1』
편기욱, 김민광 저 | 흐름출판

『4초』
피터 브레그먼 저 | 이은정 역 | 타임비즈

『감성지능 3.0』
수린 저 | 백우리 역 | 예문

『감정 구출』
족첸 뾘롭 린포체 저 | 이종복 역 | 담앤북스

『감정은 습관이다』
박용철 저 | 추수밭

『감정은 언제나 옳다』
김병수 저 | 샘터사

『감정이라는 무기』
수전 데이비드 저 | 이경식 역 | 북하우스

『거짓말하는 착한 사람들』
댄 애리얼리 저 | 이경식 역 | 청림출판

『고삐 풀린 뇌』
데이비드 J. 린든 저 | 김한영 역 | 작가정신

『굿바이 작심삼일』
제레미 딘 저 | 서현정 역 | 위즈덤하우스

『그릿』
앤절라 더크워스 저 | 김미정 역 |
비즈니스북스

『긍정의 뇌』
질 볼트 테일러 저 | 장호연 역 | 윌북

『결국, 감정이 문제야』
마르코 폰 뮌히하우젠 저 | 김해생 역 |
한국경제신문사

『기쁨에 접속하라』
차드 멩 탄 저 | 유정은 역 | 알키

『나는 스트레스 중독자입니다』
하이디 한나 저 | 서정태 역 | 시그마북스

『나는 왜 걱정이 많을까』
데이비드 카보넬 저 | 유숙열 역 | 사우

『나를 바꾸는 연습』
오히라 노부타카 저 | 이정환 역 | 세종서적

『나쁜 뇌를 써라』
강동화 저 | 위즈덤하우스

『나의 슬기로운 감정생활』
이동환 저 | 비즈니스북스

『너브』
테일러 클락 저 | 문희경 역 | 한국경제신문

『너의 내면을 검색하라』
차드 멩 탄 저 | 권오열 역 | 이시형 감수 | 알키

『네 가지 질문』
바이런 케이티, 스티븐 미첼 저 | 김윤 역 |
침묵의향기

『네 안에 잠든 거인을 깨워라』
앤서니 라빈스 저 | 조진형 역 |
씨앗을뿌리는사람

『네 안의 적을 길들여라』
마르코 폰 뮌히하우젠 저 | 나누리 역 | 이레

『놓아 버림』
데이비드 호킨스 저 | 박찬준 역 | 판미동

『뇌는 어떻게 당신을 속이는가』
제프리 슈워츠, 레베카 글래딩 저 |
이상원, 김학진 역 | 갈매나무

『뇌는 하늘보다 넓다』
제럴드 에덜먼 저 | 김한영 역 | 해나무

『뇌를 읽다』
프레데리케 파브리티우스, 한스 하게만 저 |
박단비 역 | 빈티지하우스

『뇌 마음대로』
코델리아 파인 저 | 송정은 역 | 공존

『당신의 뇌는 최적화를 원한다』
가바사와 시온 저 | 오시연 역 | 쌤앤파커스

『당신의 뇌를 리셋하라!』
존 아덴 저 | 김관엽, 박희관, 이종호, 전명호,
황복진 역 | 시그마북스

『될 일은 된다』
마이클 A. 싱어 저 | 김정은 역 | 정신세계사

『두려움의 기술』
크리스틴 울머 저 | 한정훈 역 | 예문아카이브

『두려움의 재발견』
로버트 마우어, 미셸 기포드 저 | 원은주 역 |
경향BP

『두려움, 행복을 방해하는 뇌의 나쁜 습관』
스리니바산 S. 필레이 저 | 김명주 역 |
웅진지식하우스

『디팩 초프라의 완전한 삶』
디팩 초프라 저 | 구승준 역 | 한문화

『리듬』
김상운 저 | 정신세계사

『림비』
베르너 티키 퀴스텐마허 저 | 한윤진 역 |
엘도라도

『마음 바꾸기』
에드 샤피로, 뎁 샤피로 저 | 최소영 역 |
더스타일

『마음에게 말 걸기』
대니얼 고틀립 저 | 노지양 역 | 문학동네

『마음의 속도를 늦추어라』
에크낫 이스워런 저 | 박웅희 역 | 바움

『멈추면 비로소 보이는 것들』
혜민 저 | 쌤앤파커스

『문제는 무기력이다』
박경숙 저 | 와이즈베리

『문제는 저항력이다』
박경숙 저 | 와이즈베리

『미라클!』
조 비테일 저 | 편기욱 역 | 우현북스

『미라클 모닝』
할 엘로드 저 | 김현수 역 | 한빛비즈

『미루기병 고치기』
사사키 켄지 저 | 이희정 역 | 그리고책

『반응하지 않는 연습』
구사나기 류슌 저 | 류두진 역 | 위즈덤하우스

『받아들임』
타라 브랙 저 | 김선주, 김정호 역 |
불광출판사

『번뇌 리셋』
코이케 류노스케 저 | 이혜연 역 | 불광출판사

『분노도 습관이다』
이충헌 저 | 경향BP

『불안한 뇌와 웃으며 친구 하는 법』
숀 T. 스미스 저 | 정여진 역 | 불광출판사

『붓다 브레인』
릭 핸슨, 리처드 멘디우스 저 |
장현갑, 장주영 역 | 불광출판사

『비범한 정신의 코드를 해킹하다』
비셴 락히아니 저 | 추미란 역 | 정신세계사

『사랑 사용법』
맷 칸 저 | 유영일 역 | 정신세계사

『사피엔스』
유발 하라리 저 | 조현욱 역 | 이태수 감수 |
김영사

『사피엔스의 마음』
안희경 저 | 위즈덤하우스

『살아 있는 것은 다 행복하라』
법정, 류시화 저 | 조화로운삶

『삶으로 다시 떠오르기』
에크하르트 톨레 저 | 류시화 역 | 연금술사

『상처받지 않는 영혼』
마이클 A. 싱어 저 | 이균형 역 | 성해영 감수 |
라이팅하우스

『생각만 하는 사람 생각을 실현하는 사람』
이노우에 히로유키 저 | 오시연 역 | 북스넛

『생각에 관한 생각』
대니얼 카너먼 저 | 이창신 역 | 김영사

『생각을 걸러내면 행복만 남는다』
노아 엘크리프 저 | 이문영 역 | 정신세계사

『샘에게 보내는 편지』
대니얼 고틀립 저 | 이문재, 김명희 역 |
문학동네

『성공의 새로운 심리학』
캐롤 드웩 저 | 정명진 역 | 부글북스

『성취 습관』
버나드 로스 저 | 신예경 역 | 알키

『수용전념치료 핵심과 적용』
루스 해리스 저 | 연세대학교출판문화원

『스트레스의 힘』
켈리 맥고니걸 저 | 신예경 역 | 21세기북스

『습관의 재발견』
스티븐 기즈 저 | 구세희 역 | 비즈니스북스

『습관의 힘』
찰스 두히그 저 | 강주헌 역 | 갤리온

『시크릿을 여는 열쇠, 키』
조 바이탤리 저 | 이주혜 역 | 명진출판사

『신과 나눈 이야기 1』
닐 도널드 월쉬 저 | 조경숙 역 |
아름드리미디어

『아는데 안돼요』
정연호 저 | 지상사

『아주 작은 습관의 힘』
제임스 클리어 저 | 이한이 역 | 비즈니스북스

『에니어그램의 지혜』
돈 리차드 리소, 러스 허드슨 저 | 주혜명 역 |
한문화

『열두 발자국』
정재승 저 | 어크로스

『왓칭』
김상운 저 | 정신세계사

『왜 나는 항상 결심만 할까』
켈리 맥고니걸 저 | 신예경 역 | 알키

『왜 인간인가?』
마이클 S. 가자니가 저 |
박인균 역 | 정재승 감수 | 추수밭

『우리는 왜 자신을 속이도록 진화했을까?』
로버트 트리버스 저 | 이한음 역 | 살림

『의식 혁명』
데이비드 호킨스 저 | 백영미 역 | 판미동

『의지력 SOS』
이중석 저 | 순수와탐구

『이기적 유전자 사용 매뉴얼』
권용주 저 | 카오스북

『이너게임』
티머시 골웨이 저 | 최명돈 역 | 오즈컨설팅

『인코그니토』
데이비드 이글먼 저 | 김소희 역 |
윤승일 감수 | 쌤앤파커스

『일하는 뇌』
데이비드 록 저 | 이경아 역 |
랜덤하우스코리아

『자기긍정의 힘 YES』
조 비테일 저 | 황소연 역 | 라이프맵

『자신 있게 결정하라』
댄 히스, 칩 히스 저 | 안진환 역 |
웅진지식하우스

『자존감의 여섯 기둥』
너새니얼 브랜든 저 | 김세진 역 | 교양인

『절대 회복력』
캐런 레이비치, 앤드류 샤테 저 |
윤상운, 우문식 역 | 물푸레

『조화로움』
스티브 테일러 저 | 윤서인 역 | 불광출판사

『중독보다 강한』
디팩 초프라 저 | 최승자 역 | 북하우스

『중독이 나를 힘들게 할 때』
토마스 비엔, 비버리 비엔 저 | 이재석 역 |
불광출판사

『죽음의 수용소에서』
빅터 프랭클 저 | 이시형 역 | 청아출판사

『지금 당장 버려라』
마크 고울스톤, 필립 골드버그 저 | 서영조 역 |
아인앤컴퍼니

『투덜이의 심리학』
토니 험프리스 저 | 이병렬 역 | 다산초당

『툴스』
필 스터츠, 배리 미첼스 저 | 이수경 역 |
21세기북스

『편안함의 배신』
마크 쉔, 크리스틴 로버그 저 | 김성훈 역 |
위즈덤하우스

『평정심』
톰 스톤 저 | 정채현 역 | 아시아코치센터

『포커스』
대니얼 골먼 저 | 박세연 역 | 리더스북

『포커싱의 힘』
Ann Weiser Cornell, Ph.D. 저 | 안기민 역 |
하나의학사

『하루 50초 셀프 토크』
오히라 노부타카 저 | 이정환 역 | 세종서적

『학습하는 조직』
피터 센게 저 | 강혜정 역 | 유정식 감수 |
에이지21

『행복 뇌 접속』
릭 핸슨 저 | 김미옥 역 | 장현갑 감수 |
담앤북스

『행복을 부르는 자기대화법』
파멜라 버틀러 저 | 박미경 역 | 소울메이트

『행복을 풀다』
모 가댓 저 | 강주헌 역 | 한국경제신문사

『현존』
레너드 제이콥슨 저 | 김윤, 김상환 역 |
침묵의향기

『화내도 괜찮아, 울어도 괜찮아,
모두 다 괜찮아』
크리스토프 앙드레 저 | 배영란 역 | 다른세상

『화풀이 본능』
주디스 이브 립턴, 데이비드 바래시 저 |
고빛샘 역 | 명랑한지성

『회복탄력성』
김주환 저 | 위즈덤하우스

『회복탄력성이 높은 사람들의 비밀』
조앤 보리센코 저 | 안진희 역 | 이마고

『EQ 감성지능』
다니엘 골먼 저 | 한창호 역 | 웅진지식하우스

『Give and Take(기브앤테이크)』
애덤 그랜트 저 | 윤태준 역 | 생각연구소

나쁜 습관은 없다

1판 1쇄 펴냄 2019년 9월 16일
1판 2쇄 펴냄 2021년 4월 30일

지은이 | 정재홍
발행인 | 박근섭
책임편집 | 정지영
펴낸곳 | 판미동

출판등록 | 2009. 10. 8 (제2009-000273호)
주소 | 06027 서울 강남구 도산대로 1길 62 강남출판문화센터 5층
전화 | **영업부** 515-2000 **편집부** 3446-8774 **팩시밀리** 515-2007
홈페이지 | panmidong.minumsa.com

도서 파본 등의 이유로 반송이 필요할 경우에는 구매처에서 교환하시고
출판사 교환이 필요할 경우에는 아래 주소로 반송 사유를 적어 도서와 함께 보내주세요.
06027 서울 강남구 도산대로 1길 62 강남출판문화센터 6층 민음인 마케팅부

ISBN 979-11-5888-531-1 03320

판미동은 민음사 출판 그룹의 브랜드입니다.